BREAK

to be new and different

打開一本書
打破思考的框架，
打破想像的極限

命運不會虧待選擇變好的人

《了凡四訓》流行四百年的改命心法，
走出框架，改寫人生劇本

齊善鴻——著

目錄

第一篇：立命之學

第二篇：改過之法

目錄

目錄

第四篇：謙德之效

自序一

學習《了凡四訓》有感

在這個崇尚科學的時代，文化到底扮演著什麼樣的角色，發揮著什麼樣的作用，也是我們必須要搞清楚的。

為什麼選擇中華優秀傳統文化？

在當今世界各個國家、各個民族的優勢當中，若是讓我們選擇一項最為自豪的優勢，十有八九會選擇中華優秀傳統文化。也許有人會說：「我們在科技等方面也有很多優勢，為什麼大家都選擇傳統文化呢？」

這是一個很有趣的問題，我需要從三個方面來陳述。

首先要說傳統。說起「傳統」一詞，很多人將其理解為久遠的、歷史性的時間概念。難道「傳統」與「歷史」可以畫等號嗎？若這兩個詞完全是同義的，那為何還要用兩個詞語呢？實際上，「傳統」是一個民族在連續不斷的實踐中，循著探索真理的方向與路線，發現並不斷充實的一種真理的心流。正是這樣的一種力量，代代傳承，成為一個民族不斷前行的基石。這就是「傳統」一詞的真義。

接著說文化。從狹義上來說，文化是指人類在實踐中不斷累積並提煉出的真理性認知。這樣的認知，會反過來成為指導人類實踐活動的準則。從人類文明進化的角度來說，有沒有接近真理的準則來指導實踐，其結果是大相徑庭的，行動的效率也會出現天壤之別。從廣義上來說，文化就是人的心智模式、行動方向與效率以及所有實踐成果的總和。從這個意義上來說，科技方面的成就在本質上也屬於文化的成就。這不僅僅是一種歸類的問題，簡單地將科技歸為文化，而是一種從文化本質到科技現象的邏輯路線問題。中華古聖先賢的智慧達到了一個歷史的高峰，因為他們站在哲學的巔峰上，發現了世間萬象的本質與規律。在幾千年的歷史中，幾乎每一次中華文明的巔峰和低谷都與對這種哲學成果的實踐品質有著直接的關係。

再來說說人類心智。毫無疑問，中華優秀傳統文化的核心，就是為人的心智找到一種頂級的智慧模式。粗略說來，這種模式包括相互影響、相輔相成的三個方面：一是「修己」，二是「格物」，三是「玄德」。用現代的語言來說，就是認識主體的自我提升與實踐品質的不斷深化，是指向真理大道的。「修己」，是對科學認識的主體進行自我提升、指向真理大道和悟道得道的持續行動。「格物」，是依據一切物質的存在都是大道的顯化這一基本認知的，所以就成了認識主體對外部事物進行驗證的一個重要過程。有趣的是，針對「格物」所發展出來的法則，又會促進「修己」的進一步提升，二者連結之緊密，幾乎到了隨時相互映照的地步，以至於「格物」本身就要求「修己」到「心性空靈」而能夠與萬物合一，也就是與要認識的對象及其規律做到最大程度的契合。當「修己」與「格物」不斷結出碩果時，若依然能夠讓自己超然事外，不會因為「修己」與「格物」的互動過程與階段性的結果出現心靈的波動和扭曲，這就是「玄德」智慧了。到了這樣的地步，人的心智也就具備了「玄之又玄」和「螺旋式上升」的智慧化狀態。

《了凡四訓》何以被譽為「第一善書」？

《了凡四訓》成書距今有四百多年，它距離老子和孔子所處的文明巔峰年代，則有兩千多年。《了凡四訓》為何能夠在眾多中華文化經典中脫穎而出並贏得「天下第一善書」的美譽？搞不清楚這個問題，就很難認識《了凡四訓》的真正價值。

在五千多年的中華文明當中，有數不清的古聖先賢為探索世間真理傾其一生。在兩千五百多年前，老子和孔子的思想使得天道與人道的文明達到一個巔峰。在距今四百多年的明朝，出現了兩位具有標誌性的人物，一位是將心學推向巔峰的王陽明先生，另一位是將聖賢智慧運用於改變自身命運的袁了凡先生。其中，了凡先生更偏重於對古聖先賢智慧的運用與現實生活和實踐相結合，並精煉出了一套簡明可行的方法論與實施辦法，最終用改變自身命運的結果實證了古聖先賢的智慧。如果說兩千多年前的古聖先賢們如滿天繁星，王陽明先生的心學智慧則猶如四百多年前在歷史黑夜中的一輪明月，而了凡先生的智慧則如夜行者手中的手電筒。了凡先生的《了凡四訓》將一個生命的覺醒階段化、形象化、視覺化、技術化、日常化，生動地體現了一個人將中華文化植入生命以後的鮮活狀態和蓬勃的生命力！

了凡先生早年所經歷的困頓，就如同我們每個人的遭遇。而了凡先生覺醒後的起修以及不斷取得的人生成果，也增強了許多人改變自己命運的信心。《了凡四訓》把許多深奧的道理顯化成日常生活中的俗理，更容易讓普通人理解，也更加容易操作和實踐。它讓很多人從認為中華文化深奧的困頓中走出來，把生活變成人生修行的道場。

《了凡四訓》是了凡先生從困頓走向覺醒的實踐過程記錄。也許，這就是「第一善書」的魅力吧！

我學習《了凡四訓》的感觸

我是個學習科學出身的學者，但我所掌握的科學知識並不能幫我解決所有關於生命、人生、生活和社會的困惑。好在我有幾個現代社會的身分標籤：大學教師、企業實踐者、社會服務者、真理探索者、中華文化修習者。恰恰是這樣一個標誌性的身分組合，讓我有了一份偏得。我是何等地幸運，在過去幾十年的累積中，將科學、馬列主義普遍原理與中華優秀傳統文化相結合，發現了這個符合時代發展的結合型模式。坦率地說，我個人沒有什麼先知先覺的能力，但一直在回應時代的召喚，最終在客觀上形成了這種結合型的人生道路。

我在學習和實踐《了凡四訓》的過程中，有這樣一些感觸。

一是用「立命之學」破除「宿命論」這種在命運面前「躺平」或者成為待宰羔羊的消極人生觀。若是能夠真正領悟這一點，就能迎來生命的覺醒。

二是用「改過之法」替換「自辯論」，擺脫問題與錯誤反覆複製的人生困境。若能做到這一點，就能感受自我清潔、心靈日益清淨的輕鬆與美好，並遏制住命運走向深淵的趨勢。

三是用「積善之方」來累積自己心中的光明能量，在照亮自己的同時，也將人生的光明分享給別人。正所謂「贈人玫瑰，手有餘香」。將「立命之學」的光明方向、「改過之法」換來的心靈清淨與「積善之方」種下的光明種子三個方面結合起來，人生的前方就會出現曙光，循著曙光繼續前進，就會走進光明的世界。

四是用「謙德之效」作為上述三個核心程式的「閉環收口」程式，避免了因點滴進步或者短期成效而產生驕傲自滿，形成一個能夠「螺旋式上升」的閉環和持續上升的動力。

人生中的一切美好事物，都是在自我進化中獲得的。人生中的一切不如意，都是在心智的停滯與退化中造就的。不僅僅是明代需要王陽明和袁了凡兩位先哲，當今時代更加需要傳承古聖先賢的大道使者，來為新時代助力。希望每一個中華文化的傳人都能夠肩負起這個光榮而偉大的歷史使命。

自序二

《了凡四訓》是怎樣一部書？

幾年前，受到幾位老同事的囑託，我嘗試著用科學視角解讀古聖先賢的經典。今年，恰逢良緣良機，注解被譽為「天下第一善書」的《了凡四訓》，將這樣一個成功改變命運的典型案例和了凡先生的經驗總結，進一步上升為人生命運科學，為有緣的各位朋友奉獻上中華文化的獨到智慧。

生命就是一個容器，你往裡面裝什麼，你就會變成什麼。讓我們與聖賢同行，共同學習和修行，擁有一個越來越好的人生。

古往今來，大部分人都在為了生計而忙碌。只要努力奮鬥，活下來是沒問題的，但想要活得好或者活得越來越好，卻不是一件容易的事情。有的人表面上活得光鮮亮麗，內心卻有無盡苦悶；有的人在某段時間裡看起來活得蠻好，但過了一段時間卻突然跌落下來；也有的人因為一念之差，人生就走了很長的彎路，最終陷入痛苦的泥淖，似乎再也看不見人生的希望。

如此說來，命運似乎是變幻莫測的。於是，有人這樣總結人生：「一命二運三風水，四積陰德五讀書。」這一和二所說的「命」和「運」似乎總是變化莫測的，求風水的人，多是在心弱時向外部尋求幫助，很多時候也就是求個心理安慰。若是遇到不可靠的風水師，可能還會添出很多病來。看看歷史上的那些帝王人家，風水能說不好嗎？但最終又如何呢？於是，百般折騰之後，人們走到了讀書這一步。

大部分人都知道讀書很重要，但讀書真的能改變命運嗎？從古至今，讀書的人越來越多，但詭異的是其中也不乏諸多命運淒慘的人。當然，也有人透過讀書改變了命運，甚至不僅改變了自己的命運，還幫助許多人改變了命運。看來，雖然讀書重要，但讀什麼書、如何讀書，以及讀書後自己變成什麼樣的人和贏得什麼樣的命運，似乎還藏著一大堆祕密。

我們應該讀什麼樣的書？

從古至今，有思想的人寫了很多書，讀書也一直為人們所推崇，因為讀書能讓人增長知識和智慧，提升能力。

現今，人們讀的更多是科學類的書，還有一些人會讀歷史和哲學類的書。說得簡單一點就是：科學更多的是研究人之外的事物的規律，哲學則是研究人生的祕密。毫無疑問，科學研究也是為了人自身；那些哲學水準比較高的科學家，科學研究的水準通常也超出常人，很多大科學家同時也是哲學家。

科學可以幫助我們增長知識，增加對客觀世界的了解，會讓我們生命的內在結構發生改變，進而影響我們人生的整個局面，並為我們創造美好人生提供助力。但是，僅僅依靠科學知識就能改變我們未來的人生嗎？坦白地說，科學知識肯定會讓我們有所改變，但往哪個方向改變、改變到什麼程度，卻是個問題。沒有掌握科學知識的人，僅僅靠蠻幹肯定是無法把事情做好的。掌握科學知識有助於把事情做好，這一點是毋庸置疑的，但是做人呢？我們都知道，學會做人是擁有美好人生的根本，正所謂「先學做人，後學做事」，若是一個人不會做人只會做事，那做事的能力與結果也會大打折扣，他未來的人生一定會有很多變數。

哲學和歷史實際上就是對人類自身一些經驗教訓的總結與思考，其中就包含很多做人的道理。

由此看來，若是學了科學，又學了哲學和歷史，既懂得了做人也懂得了做事，就可以將未來人生中的諸多不確定性轉化成確定性。這也正是很多人持續地學習、不斷地突破自我、人生越來越美好的原因。

讀書是吸納能量，實踐是驗證知識，若是能夠在學習的同時去實踐，在實踐中不斷地學習，我們就會越來越有智慧，越來越接近真理。由此可見，科學加哲學，學習加實踐，在累積中不斷突破自我，在學習中不斷創造新我，幾乎是人類武裝自己精神的標準配備，也是生命智慧的翅膀，能夠幫助我們主宰自己的人生。

如此看來，讀書確實大有名堂，正確地讀書確實可以改變命運。

命運到底是什麼？是科學嗎？

說起人生的命運，很多人會覺得很神奇，也很神祕。當我們只有關於事物的科學知識，卻沒有足夠多關於自己人生的知識時，我們的命運就會變得撲朔迷離。很多人在科學方面很專業，也創造了一些個人成就，卻往往又因為在人生方面沒有足夠的專業知識而遭遇了很多難題與困境。

上萬年的中華文化，不僅讓一些外國人難以理解，我們自己參悟起來也並不輕鬆。若是我們搞不清楚命運到底是什麼，卻只想要改變命運，這往往是徒勞的，甚至極有可能會走向迷信；即使我們搞清楚了命運的規律，在那些不清楚的人看來也並不科學，甚至會被視作迷信。這是因為，文化和一般用肉眼或者借助工具能夠看到的客觀事實是兩個不同的領域，在我們既熟悉又陌生的文化與科學之間，似乎存在著一層屏障。

在這個問題上，人類走過了很漫長的歷程。在發現細菌、病毒和疾病之間的關係之前，因為我們用肉眼無法發現細菌和病毒的存在，所以無法理解生病的原因，於是就會陷入迷惘，甚至會認為是妖魔鬼怪讓我們生病。在這種認知之下，自然就不會去研究藥物，而是會去求助於同樣用肉眼看不見、所謂的神明。等到科學進一步發展，搞清楚生病的原理，人們才恍然大悟。

人類一直活在「搞不清楚的」和「搞得清楚的」這兩類事實中，對於那些搞不清楚的，就容易將其歸於那些看不見的神祕力量，這就是人們常說的迷信。隨著科學的進步和發展，與我們的人生有關係的迷信區域正在不斷縮小，而我們搞得清楚的科學區域正在不斷擴大。也就是說，人類文明發展的過程，可能就是連續不斷地從迷信走向科學的過程。

有一些人之所以覺得中華文化很神祕，還有一個非常重要的原因：文化是要用自己的人生或者生命來作為實驗對象進行驗證的，與將純粹的物質存在作為研究對象的一般科學有著巨大差異，這也是人生科學對現代科學的一個重大挑戰。正所謂「如人飲水，冷暖自知」，這是屬於實踐文化的當事人的主觀感受，唯有進入到這種個人實踐中才能體會到的人文科學，還很難用一般的科學方法呈現出來，也許在未來科技的發展中有希望找到相應的科學方法吧！

中華文化關注的核心是個人的內在與外在、人與人、人與事、人與物、人生時間線上的前後、人生與天地自然大系統可感知和不可感知的存在之間的關係。這聽起來似乎有些複雜，但現在科學的思維、科學的知識與科學的手段已經越來越豐富了，可以幫助我們理解與人生有關係的複雜問題。從古至今，任何偉大的人物都擁有超越常人的處理人生大數據的能力。反之，那些用個人有限知識與經驗處理外部大系統與自我相互作用的人，往往充滿了困惑，會犯下諸多錯誤。由此可見，要理解人生的祕密，必須運用廣泛的科學知識、哲學思維和個人的靈性才有希望。

實際上，我們不管用科學的手段研究多少問題，最終都要回歸到它們與人的關係上。我們所研究的一切問題都是用來服務於人的，都是為了最佳化和提升人生品質的。說起最佳化和提升人生品質，我們常常會說到命運，而說起命運又會讓很多人覺得實在難以把握，甚至有一些人覺得有些迷信的色彩。

那命運到底是迷信，還是科學呢？

這個問題的答案其實很簡單：對於沒有搞清楚的人來說，命運就是迷信；對於搞清楚的人來說，命運就是科學、哲學與人類自我靈性的綜合。

那麼我們再來問問自己：我們學習過關於命運的科學嗎？

如果沒有學習過關於命運的科學，對命運的理解可能就是非專業的，那必然會或多或少帶著一點迷信的色彩。這是很多人在面對命運這個問題時的基本狀態。

在科學研究中，有一個基本的前提，那就是宇宙中的萬物都是有其自身規律的。既然是有規律的，我們就要找到那些規律，透過這種方式來認識各種事物。我們現在所熟悉的科學都是這樣發展起來的。因此，對於那些我們還沒有搞清楚的客觀存在，我們都應該秉持這樣的一種科學態度。

毫無疑問，命運也是一種客觀存在。既然是一種客觀存在，當然就是有規律的，也是可以認識的。雖然現有的科學知識還不足以解決人類面臨的所有問題，但是我們可以用科學的精神去探索，用科學的態度去對待。

當然，說話容易，做事難。為了探索出一條科學的道路，也就是用科學的思維來解讀文化經典，我借助於個人學習科學、哲學和個人修行的資源與親證，摸索了近二十年的時間，找到了一些感覺和門道，在此我想借助對《了凡四訓》的解讀為大家做一個彙整，接受大家的檢視，也歡迎大家批評指正。

人生命運的問題既涉及人的生命內在特徵，也涉及不斷變化的各種環境要素，是一個十分複雜的、動態的系統工程。想要解答這個問題，也許要做一個十分複雜的數學模型出來。說到這裡，可能很多朋友已經在搖頭了：「這麼複雜，我們怎麼做得出來呀？」

別著急，複雜中藏著簡單，正所謂「大道至簡」。了凡先生不是數學家，也沒做出複雜的數學模型，但他摸索出了一套簡便易行又能夠保障效果的方法，這才是了凡先生留給我們最珍貴的智慧，也是他的經驗能夠傳播得如此廣泛的原因。

再回到開頭的問題上，命運到底是科學，還是迷信？

如果了解並掌握了命運這門複雜、綜合的學問，那命運就是個科學問題。當然不要一聽到複雜、綜合就覺得頭疼，即使再複雜、再綜合，真理也都是簡單的，任何複雜的系統都有其簡單的規律或者啟動的開關。

若是我們研究了各式各樣的事情，唯獨沒有研究我們人生中的頭等問題，也就是命運問題，那我們在這個問題上就是個外行，就是非專業的。在這種狀態下，我們就很可能把命運問題變成一個迷信問題。關鍵是，若是使用迷信的方法，根本就無法解決問題，甚至會離解決問題越來越遠，或者又製造出新的問題。

所以，人生命運問題只有科學這條路可走。讓我們一起借助《了凡四訓》，走出一條人生命運的科學之路吧。

《了凡四訓》到底講了什麼？

《了凡四訓》到底是一部什麼樣的書呢？

在明代，有一位叫袁黃的先生，與眾多人一樣，他也在思考人生命運的問題。這位袁黃先生，就是袁了凡。了凡先生曾經被一位高人算準了人生中的很多事，這讓了凡先生既驚訝又鬱悶，驚訝的是為什麼能夠算得那麼準，鬱悶的是其中有兩項結果讓他感到很悲哀，甚至難以接受。可是，了凡先生竟然跳出了算命先生為他算定的命，創造出更加美好的命運。他把自己改變命運的歷程總結出來，教導自己的孩子，這就是《了凡四訓》的原型——誡子書。袁了凡先生將自己改變命運的體會與做法傳授給自己的兒子，其動機並不是向社會傳播，這就更加讓我們確信了一個重要的價值問題：父親傳給兒子，豈能是鬧著玩的？更不可能是騙人的！

那麼《了凡四訓》到底講了什麼呢？

從內容上來看，了凡先生將自己改變命運的過程分成了四個部分：一是「立命之學」，二是「改過之法」，三是「積善之方」，四是「謙德之效」。

先說了凡先生說的「四訓」中的第一訓——**立命之學**。

人活在世上如何立命呢？

靠自己的能力？很多時候，我們的能力是不夠的，面對那麼多外部的困難，有幾個人能夠應對自如呢？

靠自己的知識？很多時候，我們的知識也是不夠的，面對那麼多的人和事，有幾個人能夠做到精通呢？

靠家庭背景？靠朋友？恐怕都是能靠一時，靠不了一世。

說來說去，那到底還能靠什麼呢？

有一些先賢看透了命運的規律，發出了一聲吶喊：「我命在我！」

也許有人會說：「光有這種勇氣，恐怕也不能主宰自己的命運吧？」是的，**想要主宰命運，首先就要搬掉心中的一座座大山**。

這就要說到了凡先生說的「四訓」中的第二訓——**改過之法**。

我們都知道自己並不完美，我們遇到的困難與麻煩，都跟自己不完美的部分有關。這就體現了生命中的一個重要原理：內決定著外。一個人內在的優點對應著外部的機會和成就，缺點則對應著外部的挫敗與困難。正是自己內在的優點和缺點，讓我們外部的人生畫面那般起伏不定，難以捉摸和控制。但是，外部問題的根源就是我們自己的內在。

有人能夠看清楚自己內在的缺點嗎？有人能夠勇敢地對著自己的缺點狠下心去

改正嗎？如果我們管不住自己的缺點，它們一旦發揮作用，就會造成我們外部的挫折與災難。

很多人雖然懂得這個道理，卻很少審視自己的內在缺點和它們可能會發揮的作用。想要管住自己的缺點，就要學會修理自己。這話說起來容易，做起來卻很難。很多人在修理別人時感到很過癮，而被別人修理時就會很痛苦。若是能夠時時修理自己，就可以避免被別人修理。關鍵是，有幾個人有足夠的勇氣和適當的方法，時時刻刻修理自己呢？有幾個人是在讓自己的生命出現一個個嶄新的、比前一個畫面更加美好的人生狀態呢？

了凡先生就在「改過之法」中，為我們講述了行之有效的改過方法。

有人會說：「光是改過就夠了嗎？」

當然不夠，改過是為了避免負能量產生，但想要讓自己的命運變得更加美好，還得有正能量幫助自己成長和壯大。

怎樣讓自己產生正能量呢？《了凡四訓》中的第三訓——**積善之方**，就回答了這個問題。

說起積德行善，很多人都很熟悉。可是，善有真偽，你敢保證自己的善是真的、純的，裡面不夾帶私心嗎？想想看，一堆含金的沙子和一塊純金的價值能夠相比嗎？了凡先生真是智慧呀，他為我們認真剖析了人之善在八個維度上的區別。估計很多人看懂這些之後，就會發現自己善的純度太低了！

了凡先生幫我們搞清了善的真偽、純度之後，又為我們展示了在人間積善的一些重要方面，並一一為我們講解了其中的內涵。

當我們學會了如何積善，就會發現自己生命中的正能量開始不斷增長，到了一定程度之後就會暴漲。不管你走到哪裡，不管周圍如何黑暗，我們都像是自帶光芒的人，走到哪裡哪裡亮！這樣的人生，多麼令人嚮往啊！

負能量被控制住，正能量開始持續增長，一個人生命的氣場就改變了，最終你會感覺到：看似複雜的命運，實際上就像是一種物理現象，就是兩種力量的較量。

當你透過上述過程顛覆過去生命中兩種力量的格局，肯定會很高興、很自豪。

但是，一個人好事做多了，也會膨脹，也會飄。很多優秀的人往往不是死在泥濘的爬行之路上，而是在風光無限時跌落了神壇。

對此，中華文化還有個保命之法，就是謙虛，就是低調，就是了凡先生所說的「謙德」，也是老子所說的「玄德」。這也就是《了凡四訓》中的第四訓——**謙德之效**所講的內容。

當一個人擁有謙虛這種美德，他的生命就進入持續轉化和吸收能量，進而壯大自己的狀態。若是你身邊有這樣的人，儘管他現在可能不如你，但以後有很大機率會超過你。如果你的對手沒有謙虛這種美德，總是傲慢霸道，那你就可以把他從你的競爭對手名單中刪除了，因為他已經進入自我倒退的狀態，如果繼續把他當作對手，只會減緩你的成長速度。明白了這些，我們就知道要做謙虛的人，不斷地學習，吸收能量，突破自我，讓自己持續成長。這才是一個人改變命運，並讓自己平安健康的關鍵。

從立命，到改過，到積善，再到謙德，四個方面，四個步驟，若是能夠掌握，就能夠讓自己的命運變得越來越好。當然，四個大方向和步驟裡面還藏著很多小技術。這次我解讀《了凡四訓》，會用六十五講為大家分析其中的關鍵技術。

毫無疑問，我們每個人的現狀絕對不是此生最好的狀態。每個人都在追求越來越好的命運，正如一句廣告臺詞所說的那樣：「沒有最好，只有更好！」願意讓自己的命運越來越好的朋友，我們一起學習《了凡四訓》吧！

《了凡四訓》中的內容，既不是純粹的理論，也不是簡單的經驗，而是從中華智慧寶庫中提煉出來的精髓，又在實踐中進行了驗證，是理論與實踐的結合，是用真人的命運改變之效果證明了的真理！

感謝古人們，是他們為我們留下了如此珍貴的智慧！

感謝了凡先生，是他把自己改變命運的祕笈奉獻出來，讓我們受益！

總論：對人生命運的基本認識

第1講　命運是有規律的

每一天，無數的人在忙碌著，為了美好的生活而奮鬥。但有不少人發現，無論如何努力，似乎都有一種說不清、道不明的力量阻礙著自己，讓自己無法實現那個美好的人生目標。有一些人在自己所從事的行業中成了專業人員，甚至成了專家，但依然對自己的未來心中沒底。再能幹的人，即使已經高官厚祿或者成了億萬富翁，也很難成為自己命運的專家。

不管是在歷史上，還是在當今時代，我們都能看到一些聰明能幹的人遇到各式各樣意料之外的事情。隨著一件件超出預料的事情發生，我們會日益感到命運的神祕和難以掌握。只要稍一思考就會明白：若是只知道忙碌，卻不知道自己的命運會走向何方，那我們不就是在瞎忙嗎？若是自己的命運正在走向萬劫不復的深淵，那未來的人生還有什麼可期待的呢？

於是，有太多的人感嘆人生命運的變幻莫測。命運到底是什麼樣的存在呢？誰能夠告訴我們，在未來到底有什麼樣的命運在等著我們呢？

有人說，在博大精深的中華文化中，最深奧的就是玄學，甚至有人說：「你若真的覺得自己智商很高，那你就把玄學變成人生的一門技術。」一些智慧的先祖發現了命運的規律，成了命運的主人。一些修行的人認為，真正的天才不是能做事的人，而是那些能夠將命運掌握在自己手裡的人。

在人們的印象中，說起命運，總覺得裡面充滿了迷信的色彩，有一些學習科學的人甚至對其不屑一顧。等遇到的事情多了，一些本來不相信命運的人，就開始悄悄地研究起命運的規律來。有的人活著活著，好像明白了什麼，於是就會調侃自己：「過去的自己簡直活成了一個笑話。」

在人生中，通常會有三種笑話。

第一種笑話是，大部分人如沒有盡頭一般地忙碌著，好像只有生病了或者去世了才會停下來。這樣的景象讓人唏噓，感覺人類是很可憐的動物，既可悲又可笑。

第二種笑話是，不論是高官還是百姓，或是學歷很高、知識淵博的學者，都有人會去找所謂的高人算一算自己的人生命運。他們往往花費不菲，最終卻發現，所謂算命運，不過是一場特殊的遊戲，找人算命這種事也成為一個笑話。

第三種笑話是，有一些看起來很勇敢的人，他們似乎什麼也不信，最終毫無懸念地會成為一個笑話。

當然，也有人最終懂得了笑話自己，於是漸漸看清了自己的人生。

社會上有很多種職業，每種職業中都會有一些天才和專家，但是我們幾乎沒見過人生命運方面的專家。即便是在專業領域內再高明的人，也很難預知自己未來會遇到什麼，面對命運的難題時也大多束手無策。至於大部分普通人，在面對人生中各種難以理解的事情時，則更多的是不解、鬱悶與徬徨。

對於命運這種讓人繞不開又解釋不明白的客觀現象，很多人都覺得有些神祕，甚至有人覺得人類就像傻瓜一樣，被某種看不見、搞不懂的神祕力量操控著。

命運雖然看似變幻莫測，但其實是一種客觀的存在，是有規律的。這種特殊的規律就構成了「命運學」這門人生學問。那「命運學」到底是什麼學問呢？它是哲學嗎？是，也不是。哲學中講到了不少跟命運有關的內容，但往往講得不深不透或者不究竟，所以很難從中找到具有系統、可操作性的方法。那它是科學嗎？科學的發展的確解開了很多人生的謎團，但很少有科學家會專門研究命運的規律。

我們的命運就像一個待組裝的玩具。大部分人是在沒有圖紙的情況下去組裝的，邊想邊做，做著做著，就發現不對勁了。若是有一張圖紙告訴我們組裝的步驟該多好啊！組裝命運比組裝一個玩具要複雜得多，但要點是類似的：一是圖紙，二是材料。在人類幾千年的文明史當中，無數聖賢先哲、偉人英雄，都可以作為我們的圖紙，只是很多人忙於日常事務，根本沒有精力去仔細觀察或者研究那些美妙的圖紙。組裝命運需要的材料則有兩種：一種是我們每個人自身帶著的，一種是我們在人生途中隨時可以免費獲得的。圖紙是現成的，材料是自己本來就有的或者可以免費獲得的，**人生的命運，其實就是按照圖紙自己組裝起來的**。由此可見，命運問題，是人生的一門「綜合學」，我稱其為「命運學」。很多人之所以感到命運玄乎其玄、變幻莫測，就是因為沒有學習和研究這門學問。

人們似乎很難找到一個合適的地方去專門學習「命運學」。能不能把這門複雜的學問中最核心的部分抽取出來，便於大家掌握呢？

用一句話來簡單地概括這門玄妙的「命運學」就是：**無論在什麼時候，不管你的能力大小，也不管你遭遇到了什麼，你都要善良，因為善良能把人生引向光明。**

怎麼樣？很簡單吧？並不是解決複雜問題的方法都是複雜的，正如真理往往都是簡單的。但是，把簡單的事情做好也是需要技術的，要做到真正的善良，也是需要智慧的。若是不信，你可以思考以下問題：

一、任何時候，你心裡想的都是要善良嗎？

二、遇到任何人，你的第一個念頭都是如何善良地對待他嗎？

三、別人對你不好時，你還能夠對他善良嗎？

四、面對那些對你沒有什麼用處的人，你會心甘情願地對他們善良嗎？

五、你對別人善良時，會期望有回報嗎？
六、如果沒有善的回報，你還會繼續善良嗎？
七、如果你遭遇了欺騙，你還會繼續善良嗎？
八、你有沒有動過損人利己的心思？
九、別人對你不好時，你心裡怨恨過嗎？
十、你現在心裡有怨恨的人嗎？

即便你是個一般意義上的好人，但也很難算是徹底的、完全的善良吧？

透過對自己的一次次拷問，我們就會知道：善良看似簡單，人人皆知，真正做到卻很不容易；儘管我們也會時而善良，但一直善良下去，恐怕是不容易做到的。

看到這裡，請你再想一想：「善有善報，惡有惡報」這句話在自己身上是不是也在體現和驗證？下面說說四種可能。

第一種可能：惡一旦成了主導，厄運就會降臨。幾乎每個人心中都或多或少地存在著尚未處理乾淨的小惡，它們會時常影響我們，令我們對問題的看法出錯，進而用錯誤的方法處理問題，讓問題惡化或者放大，於是，一段厄運就被我們製造出來了。此時，我們不就正在驗證「惡有惡報」嗎？發現這一點，對於自己來說是一種難得的覺悟。

第二種可能：善戰勝了惡，運氣就會越來越好。如果我們心中的善良總能戰勝那些小惡和大惡，我們就會有穩定的情緒和超人的智慧，不斷對與事情相關聯的人產生積極的影響，讓每個人在面對問題時都處於一種良好的狀態，於是，問題得以解決，既沒有誤事又沒有傷和氣，這件事就會變成大家的一個緣分，進而為大家帶來好運氣。此時，我們不就是在驗證「善有善報」嗎？

第三種可能：善惡難分勝負，人生就會起伏不定。大多數人的心中都會有小善的念頭與小惡的念頭，一些人心中甚至會有大善與大惡，善惡這兩種力量總是鏖戰不休，時而善戰勝了惡，時而惡又戰勝了善。這每一次鏖戰的結局，就是那個時刻我們命運的景象。

第四種可能：惡轉善，善昇華，成就至善信仰。到了這個地步，就是修行從

「二元對立」上升到「一元統一」，就進入萬事萬物的真相之中，與真理會合了。

改變命運是中華文化中一門獨特的學問。歷史上有一個改變了命運、參悟了「命運學」的楷模——袁了凡先生。了凡先生年輕時被高人算命，算得很準，在一段時間裡一一應驗。有兩條尚未應驗的結論對他而言十分重要，一是高人算出他的壽命只有五十三歲，二是高人算出他此生沒有子嗣。既然前面算的都一一應驗，按道理來說，這兩條結論也會在未來得到應驗，這讓了凡先生苦惱不已。

幸運的是，了凡先生後來又得到了一位貴人的指點，並且按照貴人的指點去修行，他最終竟然改變了自己的命運：他活到了七十四歲，比高人算的多活了二十一年，而且，他在中年時有了兒子。一個人把命運改變到這種程度，對於現實中許多想改變命運的人來說，無疑是極具誘惑力的。

了凡先生用自己的生命驗證了命運不玄，命運是可以改變的。於是，了凡先生就寫下了《了凡四訓》，作為他寫給兒子的家訓，也叫「誡子書」。《了凡四訓》融合了中華文化儒、釋、道三家的精髓，成就了極具中華文化特色的「命運學」。

讀到這裡，我相信你已經看到人生命運祕密的那個「眾妙之門」了。希望和曙光就在眼前，只要走進去，你就能成為命運的主人。

第2講　命運能由自己掌握嗎？

世間有很多已經在人生中取得優異成績的人，在面對人生命運時卻摸不到門道，覺得只能在朦朧中碰運氣，關鍵是好運與厄運交替，期望的好運總是撲朔迷離。下面，我們就來討論這個很有意思的話題：命運能由自己掌握嗎？

《了凡四訓》講人的命運。在古代，領悟了命運規律的大修行者也不乏其人。一位古人這樣說過：「古來無數人眾，大都被氣數所拘，自己作不得主張。」這說的是，從古至今，無數人被一種莫名的力量所束縛，不能自己做決定。

是呀，普通人大多會隨波逐流，只有少數人會走出平凡，走向不凡。一些人在某個方面優秀，在其他方面又很平庸，正所謂人間無全才；一些天才人物一時一事受眾人追捧，最終卻往往不知身落何處；一些出身富裕家庭的人，看起來一切都不用愁，最終卻被命運的溫水煮成了青蛙；一些達官顯貴、億萬富翁，實則是重任在肩，為許許多多人的命運操勞，幾乎沒有個人的生活空間，十分辛苦……至於那些身在高位卻不為眾人負責，利用眾人的信任而驕奢淫逸、謀取私利、作惡多端的人，自然會遭人唾棄，甚至遺臭萬年。

看起來，想要有好的命運，確實不簡單。這麼重要的問題，可不只你一個人在想，很多優秀的人也在思考和探索。古往今來，那些修行者基本上都能摸索到那條命運的光明大道。

說到底，所謂的「氣數」，就是一個人的自知力、自制力、向上力。失去了這「三力」，優點膨脹成了缺點，缺點氾濫成了災難，成長力不足，人的成就、地位即便很高，最終也只能墜落。總結起來，這「三力」其實就是自我管理能力。

有的人之所以會遭遇不幸的命運，是因為相信了錯誤的道理。古往今來，一直有一個觀念如魔咒般困擾著人們，這就是「天命論」。人們往往從字面上來看，把「天命論」理解成「人生命運天注定」。曾有人感嘆：「死生有命，富貴在天。」

直至今日，有些人甚至說：「每個人的人生，都早已寫好了劇本，人生只不過是照著劇本演出而已。」

《周易．繫辭上》中說：「大道五十，天衍四九，人遁其一。」這句話告訴我們，天地之間，事物的運行和發展規律總共有五十條，天命只能衍生出四十九條，缺少的那一條便是天機。在實際生活中，天機其實就在我們身邊，只是它們顯現的時候比較少且不易被人察覺，才會讓人感到難尋。但作為修行者，總會在天機顯示時捕捉到它。

人生命運，雖然看似難以掌控，但有這樣一位高人就為眾人指出了一條出路：「惟大善之人，氣數拘他不得，所謂至人有造命訣也。」這句話是說，唯有大善之人，才不會被所謂的命運束縛住，所謂至人有改造命運的要訣呀！能夠發現身邊天機的人，就能改變命運。所謂「造命訣」也不神祕，就是前述「三力」而已。

歷史上從來不缺少這樣的覺者，他們可能是平凡的百姓，也可能是社會精英，更可能是達官顯貴。他們奉行著至善、上善的信仰，處處與人為善，克己奉公，既能夠忍辱負重，也能夠在榮華加身時保持質樸和清醒。他們用自己的行動和事實證明了一個真理：**美好的命運是自己修出來的**。

中華文化經典《尚書》中有一句名言：「天作孽，猶可違；自作孽，不可逭。」後來，這句話流傳成了更加容易理解的「天作孽，猶可恕；自作孽，不可活」。這句話說的是：若是遭遇自然災害，人還可以規避一時；但若一個人自招災禍，那他的悲慘命運就是沒有辦法避免的。

道家經典《太上感應篇》開篇就說：「太上曰：禍福無門，唯人自召。善惡之報，如影隨形。」說的是禍福的到來本無定數，都是人自己招來的，善惡的報應就像影子一樣，人到哪裡，它就跟到哪裡。可惜很多人不肯承認這個事實，總以為福是自己求來的，而禍是別人陷害的。自古以來，大部分人的認知是：人類追求幸福唯恐不及，躲避災禍唯恐不周，哪裡有自求災禍的？因而，一旦遇到災禍，人們就會把責任推給別人，以求自我安慰。

可是，人類既然有趨利避害的本能，為何會自招禍端呢？這不合情理呀！在日常生活中，人們能夠規避那些常見的災禍，但對於更深層次的災禍，很多人是缺乏認知的，或者是雖然有一定的認識，但自己無法很好地掌控。當然，中華文化之所以優秀，能夠傳承上萬年，也在於一些古人揭開了「天命論」的謎底，發現了一個重要的事實——**命運的關鍵在自己手裡**。

道家特別注重自我命運的改變。東晉著名道家人物葛洪在其著作《抱朴子》中闡述道：「我命在我不在天，還丹成金億萬年。」意為個人的生命由自己來掌握，不由上天來安排，達到還丹成金的境界後便可長生不老。道家祖師打破了「天命論」，認為人可以把決定命運的權力握在自己的手中，這是十分了不起的創見。

實際上，當代人都有一種認識，人的命運分為兩個部分：一個是先天之命，另一個是後天之命。先天之命來自遺傳，它的力量很強大，人與人之間在遺傳方面的差異也不小。但是，後天之命的力量也很大，對我們產生影響的時間也很長，若是我們堅持修行自己，就可以獲得巨大的能量，足以讓自己的命運發生翻天覆地的變化。可以說，先天之命是父母的作品，後天之命才是自己的作品。

了凡先生的先天之命算不上很優秀，也算不上很差勁，但他遇到了兩大機緣：一是孔先生（有一種說法是，此人是著名易學家楊向春，化名孔先生，曾著《皇極經世心易發微》一書，這是《雲南縣誌》裡考證的）告訴了他先天的命數，二是雲谷禪師告訴了他後天改變命運的妙法。

《了凡四訓》讓我們明白，如果能夠掙脫先天命數的束縛，掌握後天改變命運的鑰匙，就可以走出迷惘，走上自己掌控命運的光明大道。

第3講　命運的開關在哪裡？

從科學的角度來看，生命也好，命運也罷，就如同一個系統，有進有出。如《易經》中所說「一陰一陽之謂道」，萬物的規律就在一陰一陽之間。如此看來，生命和命運的玄妙就在這一進一出之間。明白了這一點，我們就來看看，這一進一出的通道或靈竅在哪裡。

很多人都知道「非禮勿視，非禮勿聽，非禮勿言，非禮勿動」，這是《論語》中孔子對他最得意的弟子顏回說過的話。孔子告訴顏回，想要達到儒家所說的最高道德境界「仁」，就要堅持四個原則，以「禮」這一社會文明準則為核心，把持好視、聽、言、動四個方面，對於不合乎文明準則的事，不要看，不要聽，不要說，不要動。

為何聖人特別強調「禮」呢？因為這就是生命和命運的靈竅，若是沒有把持好，讓「非禮」，也就是不合乎社會文明準則的訊息進入了生命，心靈就會受到汙染，再去看人生和世界時，就會出現汙穢和錯誤。若是此時還不知道自己已經深陷錯誤之中，就會走向萬劫不復的境地。

這涉及命運的一個基本的原理：訊息處理原理。

沒有開悟的心，就如同一個沒有靈智的接收器，無論接收到什麼，都會將其表象原原本本地保存下來；而開悟的心就像一個篩檢程式，不管接收到什麼，都會對其進行粉碎、再加工，最後淬鍊出真相和規律。

沒有開悟的心，就如同酒醉之人的腸胃系統，吃進什麼，就會吐出什麼；而開悟的心就是淘金器，不管接收到什麼，都能從中淘出像金子一樣有價值的寶貝。

沒有開悟的人，心智尚不足以處理紛繁的訊息，故而要規避那些會汙染自己心靈的訊息，堅定不移地去接收那些能夠讓自己的心靈正面、陽光的訊息。

孔子說了四個「勿」，「非禮勿視，非禮勿聽，非禮勿言，非禮勿動」，這使用的是否定式的表述，告訴我們不要做什麼。那我們應該做什麼呢？於是，就有了相對應的肯定式，就是「視必禮，聽必禮，言必禮，動必禮」。如此，我們就找到了改變命運的四條法則。

第一條法則：命運就在眼睛裡，在於你主動看什麼、經常看什麼。你主動看、經常看的就是組裝你命運的零件，最終會變成你的命運。因此，要看聖賢書，看充滿正能量的書，看別人的優點和長處，看別人對自己的恩情，內觀自己的不足。

第二條法則：命運就在耳朵裡，在於你主動聽什麼、經常聽什麼。聽到耳朵裡的會被記在心裡，很難再清理出來。負面訊息聽多了，你的心會變壞；正面訊息聽多了，你的心會變好。所以，要聽聖人教導，莫聽人間是非，更不要聽人間讒言。

第三條法則：命運就在嘴巴上，在於你主動說什麼、經常說什麼。說話時要嘴上留德，要說聖人的思想，說做人的境界，說別人的優點與別人對自己的恩情，說自己的不足與缺點。不說人間是非，不傳他人災難，不說低俗話語，不說別人短處。

第四條法則：命運就在行動中，在於你主動做什麼、經常做什麼。要用行動證明自己的良心和品德，不做昧良心之事，不做口是心非之人，不說空話，自己有錯不推諉，遇人有過就好言相勸。

抓住這四個命運的靈竅，就能讓我們的命運發生改變。這些法則也是在告訴我們，大善之人才能掌握改變命運的要訣，因此才不會被所謂的命運束縛住。

《了凡四訓》之所以在社會上一直備受推崇，一方面是因為它融合了中華文化的精粹，被許多聖賢大德大力推薦，另一方面是因為它將中華文化聚焦在一個現實人物了凡先生身上，他透過自己的親身實踐改變了人生命運，成了親證聖賢智慧的代表人物，並且在《了凡四訓》中講述了他改變命運前後心智模式發生的本質改變。

原來，古聖先賢已經用他們的智慧為我們提供了改變命運的方向和能量。人若不讀書，就無法接續歷史和文明的能量，自己的生命就會陷入能量不足的狀態。人的生命能量不足，往往就會無事生非，無聊時野性就會冒出來，那就如同野獸的獸性發作。

書有很多，但若是以為所有的書都是承載真理的，那就大錯特錯了。如果不是揭示真理、勸人向善的書，多半就是對人有害而無益的。從平凡走向不凡的必經之路，就是讀書，關鍵是要讀善書。如果有個使用書中知識組裝自己生命的機會，你會選什麼書看？你會如何規劃自己的生命藍圖？

第4講　人生中最大的功德

很多人一生都在追求有所成就，但什麼是成就？什麼成就最大呢？中華文化給出的答案是：修行自己，幫助別人，即所謂的「修己安人」。如果把人生成就的標準搞錯了，人生就必然會出現重大的錯誤。人生最大的失敗，莫過於追求錯誤的目標，若是追求錯誤的目標，必然是得不償失的。

為了私利不擇手段的人，所遇之人皆是對手。每一次得利，都可能意味著結一次仇怨，斷一次未來的好運。於是古人勸人少結怨，莫結仇，多利人，這樣人生路上無大憂。

為了獲得更高的職位而趨炎附勢的人，短時間內也許會得意，但最終會毀了自己。因為能夠接受趨炎附勢這種行為的人，本身就心術不正，不值得別人追隨。一個趨炎附勢，一個心術不正，兩方遇到一起，必在未來醞釀成一場災難。

喜歡挑撥是非，總想著漁翁得利的人，也許能夠一時一事得逞，但也是獲得的遠遠小於失去的。若是這樣的帳都算不明白，其智力水準也就可想而知了。

貌似正義，濫用權力和規則的人，最終會發現善可能變質，惡可能會變換形式，成為更危險的力量。自古至今，懲惡力度不可謂不大，但惡卻像是斬不絕的毒草。只有世間的大覺者，才會有幫助惡人清理靈魂中邪惡與骯髒的功力，只是大部分人可能遇不到這樣功力高深的人。

總是憤憤不平，感覺自己遭遇了不公平的對待，心中充滿怨恨的人，看不見自己的心理活動過程，他們不知道，其實他們所遭遇的一切都是自己心靈中的力量吸引來的。

一些追求進步的人想增長自己的智慧，遇到的事情卻總是讓自己的智慧捉襟見肘。有時候雖然自己進步了，卻發現隊友跟不上，著急呀，但也不管用！實際上，著急也是自己的智慧不夠用的一種表現。

那麼，應該到哪裡去尋找智慧呢？

一些相信善有善報的人，把善良當成執念，卻總是遭遇無恥的小人，要麼被騙吃騙喝，要麼被騙錢財，那些騙了人的人還覺得理所當然，好像就是吃定了你！實際上，我們可以把自己遇到的小人或者騙子當作特殊的教師，從被欺騙的經歷中獲得一場生命的特殊教化，從而獲得更高的善的智慧。

一些奮發努力的人，比懶惰的人有更多的成就與收穫，成了強人，似乎能夠一呼百應。可是，回到家裡，家人卻不會把他們當英雄。夫妻之間三句話就會嗆火，孩子也可能會對他們命令式的說話方式產生叛逆心理，若是繼續加壓，人間的悲劇就開始上演了。你強大了，就有權利強制別人嗎？你是善意的，但人的自主意志能接受強制的善良嗎？夫妻吵架、孩子叛逆，你能感悟到這是對自己的一種教化嗎？

知識就是力量，此話不假，但也並非全真。因為，知識只有變成了能力，才會成為力量。讀書多的人，往往參與實踐少，但又很有優越感，道理講得都對，卻解決不了實際問題。怎樣才能讓知識變成能力呢？很多人透過自己的親身經歷得出的結論是——**學習、實踐、再學習、再實踐，不斷總結，不斷提升，永無止境。**

若是已經讓知識變成了能力，但沒有德行支撐，結局又會是什麼樣的？

一些自以為頭腦靈活，無論到哪裡都會游刃有餘的人，覺得自己在社會上有各個方面的朋友，但真正有求於人的時候，卻變成了孤家寡人。試想，我們能交幾個不談金錢，互相幫助，無怨無悔，永不設防，能夠把後背交給對方的真心朋友呢？

一些炒房炒股、一心做投資的人，似乎生命中只有金錢，渾身的氣息、整個人的神態，全是帶著銅臭味的。試想一下，若是把靈魂交給了金錢，人生能走到哪裡去呢？

一些善良的人會幫助別人，但也因此遇到了麻煩：有的人開始被幫助時會感激，漸漸地就成了習慣，覺得你幫助他是理所當然的；若是你也遇到了困難，幫助得少了或者中斷了，人間的尷尬就出現了——你會遭人恨！看來，助人也是人生的大學問哪！

實際上，這些問題並不僅僅是現在才有，而是古代就有了。古代就有很多人在思考什麼才是人間一切生活和偉大事業的根本。有覺者告訴我們：「須知懲惡非大勢不能，勸善則匹夫可辦。蓋心欲為而頭頭是道，造之深必處處逢源。誠能嚴身作則，苦心宣揚，不費分毫，見功最巨。」用白話說就是：要知道，懲惡一定要有大勢力才能夠做得到，而勸善則人人可行。由於心欲為善，則頭頭是道；行到深處，必處處逢源。如果真能夠嚴身作則，苦心宣揚，則不費分毫之財，而功德最為巨大。

當為善之人越來越多時，為善者就會從中受益，人生也會變得順利。當整個社會都在為善時，則社會風氣清明，人人都在幫助別人，人人也都在得到別人的幫助。

因為人人心中都有良知，若掌握了善法，能夠與每一個所遇之人的心靈直接對話，就會讓對方心中的良知復甦，他自然也會將你視為人生中的貴人和靈魂的知己。

尤其是那些身分卑微、遭人唾棄、沒有尊嚴、沒有機會的落魄者，飄搖不定的靈魂更急迫地需要找到可以安放的溫暖之處。如果真能夠嚴於律己，以身作則，苦心宣揚，則不費分毫之財，能夠走到哪裡都自帶光明，都會結交不少的朋友，都會有恩於人，都會種下善的種子，因而功德最為巨大。

這就是為善的人生之道。

為善有五大法則：

第一法則：作惡之人也是受害者，作惡也是在呼救。

第二法則：懲惡不能斷惡，助人向善，惡行才會減少。

第三法則：心中有了足夠的善的影響，惡就不會再來作亂。

第四法則：心善、言善、行善，就會收穫善果，人生就能回歸正道。

第五法則：讓長者以身作則，是人間最節省氣力的管理方式。

人間事，一切都是為了人類自身的成長與進步。人世間，一切事最終的效果，皆要看做事的是什麼人。毫無疑問，好人做好事，壞人做壞事。你若是能帶頭學習，主動行善改過，並能帶出一批真正的好人，帶領人們走上善良的道路，就一定會有美好的生活，也一定會有成功的事業。

第5講　為何你覺得做人難？

人生路漫漫，無數人感嘆：「都說做人難，此生為人，不做人還能做什麼？都說做好人難，難道做壞人很容易？」如此看來，做人這件事，真的不容易呀！

實際上，大多數我們覺得不容易的事情，都是我們想錯了。

那做人難這件事，也是我們想錯了嗎？

關於做人難的討論，我們可以就以下三個問題來展開。

第一個問題：都說做人難，難道做鬼容易嗎？

若是說做人難而做鬼容易，那一定是不懂得做鬼的艱難，就如同我們總羨慕別人，卻根本不懂別人的付出與內心的壓力一樣。我們對於鬼的認知，大多來自影視或文學作品，它們常常以青面獠牙的形態出現。實際上，那都是藝術的加工，在現實中有誰真的見過那樣的鬼呢？我們倒是常常能見到一些比鬼更可怕的人：他們只想自己好，根本不顧及別人，一旦自己的利益受到損害，就會翻臉不認人。他們在陰影中、黑暗裡謀劃著自己的利益，每日提心吊膽卻要強作鎮靜，直到被發現之後，冰冷的手銬戴在手上時，才會幡然悔悟。說到這裡，你是不是感覺還是做人好一些呢？

第二個問題：都說做好人難，難道做壞人就很輕鬆嗎？

大部分人即使沒有做過大壞事，可能也偶爾做過幾件小壞事。做小壞事的時候，多半也是內心很糾結，甚至提心吊膽。至於那些大惡之人，行凶作惡時怎麼會很輕鬆呢？他們在逃亡的路上怎麼可能會幸福呢？自以為善良的人之所以會感覺做好人難，最根本的原因是沒有領悟做好人的智慧，或者內心還藏著一些並不善良的東西。因此，「做好人難」這件事，總結起來有三個原因：一是自己的內心不乾淨，二是內心的不乾淨招來了外部的骯髒之物，三是缺乏做好人的智慧。如此這般，想做好人，就有點難了。

第三個問題：做人難，做好人更難，這個想法有錯嗎？

做人不難，若是覺得做人難，那一定是沒有搞清楚做人的學問。做好人不難，若是覺得做好人難，那一定是沒有搞清楚什麼是好人。聖人先哲們已經找到了這個問題的答案：做一個不乾淨的好人很難，因為自己就會跟自己打架，還會招來外部的人跟自己打架；做壞人也很難，因為那是與天下人為敵，即使有再多的理由，行凶作惡也不可能變成正義之舉，還會受到良知的折磨與法律的審判。

如此說來，出路在哪裡呢？那就是向聖賢尋找答案，不管是為官還是做百姓，不管是做商人還是做知識分子，都可以選擇一條光明大道。很多人覺得自己就是個普通人，離聖賢很遠，更沒有想過要成為聖賢。這就是藏在很多人心底的「魔咒」：不想做聖賢，只想好好做人，但心又不乾淨；不想做壞人，但又遇到了很多誘惑或者不得已的情形。若是不能破除這個魔咒，人生就找不到希望了。

印光法師在《〈袁了凡四訓〉鑄板流通序》中寫道：「然作聖不難，在自明其明德。欲明其明德，須從格物致知下手。倘人欲之物，不能極力格除，則本有真知，決難徹底顯現。欲令真知顯現，當於日用云為，常起覺照，不使一切違理情想，暫萌於心。常使其心，虛明洞徹，如鏡當臺，隨境映現。但照前境，不隨境轉，妍媸自彼，於我何干？來不預計，去不留戀。」

印光法師告訴我們，成為聖賢也不難，只在於彰明自己光明正大的道性與道德。要彰明自己光明正大的自性之德，必須從格物致知下手。如果人的欲念不能革除，即便本來有真知，也很難顯現出來。欲令真知顯現，就應當在日用間，起心動念、言語造作之時，常起覺照。不使一切與理相違的情緒、念頭萌發於心，哪怕是短暫地萌發也不可以。面前有什麼就僅僅是映現它們，而不要被它們牽絆。人生就是一場經歷，一趟旅行，經歷了，明白了，放下了，再拿起，再升級，再放下，直至自由。來時沒有期望等待，去了也沒有煩惱留戀。

很多人一直想做個好人，但不知道如何做個好人，於是長期處於痛苦狀態，遇到一些重大的打擊或者誘惑後就走向了墮落。這就是我們所說的「做人難」的真相，也是人性的真相。

追隨聖賢，立志成為聖賢，首先要有正確的追求。人生必須有此大志，要發大願，堅定地追求光明正大的正道、生命之真性、人生之大德。

有了正確的追求，還要避免墮落，避免被低級的欲望帶偏。怎麼做呢？應當建立自我審查機制，這樣就能隨時觀察自己的起心動念、言語和行動，一旦覺察到自私自利、損人利己、責人寬己、量小不容人、狹隘排斥人、背後詆毀人等惡念，就要聯想到這些念頭會為自己造成的各種損失、人格貶值和難以預知的災難，從而堅定地把這些念頭斷掉。

如此一來，我們就能夠不斷地自省改過，用正能量為自己的生命充電，不斷地營造正能量的群體氛圍和匯聚正道的道友。若有重大機緣，必然能夠遇到自己的人生導師和貴人，如此，功力的提升就會急劇加速。

人生就是一場持續的戰爭，不斷地打敗落後的自己，製造嶄新的自我，讓自己的精神與靈魂主宰自己的人生。

第6講　要小心自己的心賊

很多人都知道，明處的敵人固然可怕，但藏在自己隊伍中的內鬼可能更加危險，也就是說，隱蔽在身邊的敵人才是最可怕的。

人生中最大的危險，就是我們自己心中藏著的那個內鬼，它像個賊一樣竊取我們的運氣和生命的能量。

明代思想家王陽明曾說：「破山中賊易，破心中賊難。」「心中賊」為何物呢？「賊」通常指偷竊的人。「心中賊」則不僅包括惡念、惡行，還涵蓋了人所有不好的習慣、特質、性格，例如貪婪、驕氣、急躁、惰性、猶豫、懦弱等。明代晚期著名學者呂坤在《呻吟語》中講了「四個賊」。

一是「奮始怠終，修業之賊也」，意思是，有始無終是修業的大敵。奮始怠終的人在學習上虎頭蛇尾，即便前期透過努力取得了一些成績，也會因為後期的鬆懈而失去。

二是「緩前急後，應事之賊也」，意思是，前緩後急是做事的大敵。前緩後急的人在做事之前不進行充分的考慮，不做好準備，總是臨時應急，所以找不到事情的原因與根本，很難把事情做好。

三是「躁心浮氣，蓄德之賊也」，意思是，心情浮躁是修養的大敵。心浮氣躁的人遇事不冷靜，疏於耕耘，急於求成，是無法有好修養的。

四是「疾言厲色，處眾之賊也」，意思是，疾言厲色是處理人際關係的大敵。疾言厲色的人總是做出強者的樣子，在一些小事上也不讓分毫，如此做派，會導致什麼樣的結果，就不言而喻了。

心賊的作案手法可謂千奇百怪，不斷地推陳出新，但花樣再多，也都有跡可循，我們要時刻警醒，不要被自己的「心賊」偷走能量而腐化。

遇事不肯吃虧，總想占便宜——別人也不傻，輕易就能把你看穿。是不是心賊偷了自己？

拉幫結夥，排斥異己，搞小團體——是你的圈子大還是眾人的數量大？把自己孤立了？是不是心賊偷了自己？

算計別人、損公肥私、行賄受賄——拿了不該拿的東西，卻覺得不會被別人發現，或者編出一堆謊言騙自己。你的心賊又一次出賣了你吧？

冥頑不化，固執己見，不碰壁不回頭——這簡直是愚不可及，你手中並沒有掌握著真理，這樣不願意反省，也不接受大家的建議，更不去討論或者商量，結果會怎麼樣呢？是你的心賊導致你這樣啊！

缺乏知識，能力不足，導致管理混亂，卻又到處指責別人、懲罰別人——這一點，稍微有點理性的人都看得清楚，只有你這個自大的、自以為是的上司看不到。心賊再一次把你變成了他人的笑料！

印光法師在《〈袁了凡四訓〉鑄板流通序》中寫道：「若或違理情想，稍有萌動，即當嚴以攻治，剿除令盡。如與賊軍對敵，不但不使侵我封疆，尚須斬將搴旗，剿滅餘黨。其制軍之法，必須嚴以自治，毋怠毋荒。克己復禮，主敬存誠。」

如果你有違背良知與天理的私欲，在它們剛剛萌動的時候就應該嚴以攻治，把它們一網打盡。如同與賊軍對敵，不但不讓他們侵犯我方的疆土，還要將敵軍的旗子拔掉，把敵軍全消滅。統率軍隊，一定要嚴格自治。不要懈怠、不要荒廢，約束自己的視、聽、言、行，使之符合「禮」的要求，恭敬至誠。

原來，每個人都有一個重要的使命，就是**剷除心賊**。雖然我們學了那麼多知識，累積了那麼多經驗，但在剷除心賊方面還是不夠專業。怎麼辦呢？這就要向聖賢們學習了。聖賢們一生與心賊作戰，絕不懈怠，絕不猶豫，絕不妥協。

為何連王陽明先生這樣的聖人都感嘆「破山中賊易，破心中賊難」呢？

一是心賊藏在自己心中，肉眼難以發現；二是心賊降低了人的智力，讓人為其打掩護；三是心賊能夠滿足人們低層次的需求，讓人們誤以為它是自己的朋友；四是即使有人一次次被自己的心賊出賣，別人也不會輕易告訴他，即使告訴他，他也不會接受現實，因為他的判斷也被自己的心賊左右。

由此可見，**人們改變命運最大的障礙就是自己內心的那些負能量、壞品質**。若是不能下定決心與它們作戰，人就會面臨內外夾攻的局面：內有家賊，外有強敵。

有人說：「每個人的生命都有兩個不同面向，一個代表善，一個代表惡。人生的修行就是讓善的一面成長，打敗代表惡的那一面。」還有人說：「只要讓自己的心變得乾淨了，一切都是光明的，就不用再去外求什麼。一切自足，一切富足。」

你相信嗎？當然，在自己的心變乾淨之前，很少有人相信這些話。幸運的人不是等到心乾淨了才相信，而是因為相信了，才加快了讓心變乾淨的速度。

《了凡四訓》的作者了凡先生透過行善、改過這樣簡單的方法，打贏了與自己心賊的戰爭，把算命高人算定的命運改變了。自古以來，很多人透過讀書改變了後天之「運」，但真正能夠改變生命內在結構的人卻不多。隨著我們近來對中華優秀傳統文化的重視與宣導，讀聖賢書的人越來越多，相信會有更多人將科學知識與國學智慧相結合，親手鑄就更加美好的命運。

第7講　聖賢給我們的人生範本

《周易》中說：「一陰一陽之謂道。」老子說：「萬物負陰而抱陽。」孔子說：「質勝文則野，文勝質則史。文質彬彬，然後君子。」中華民族有兩個了不起的祖先，一個是伏羲，一個是女媧。他們一個拿規，一個拿矩，一個畫圓，一個畫方，規矩的本質就是方圓的智慧。

人生智慧浩如煙海，但核心都離不開兩個詞，一個是「方向」，一個是「方法」。毫無疑問，如果方向錯了，一切努力都沒有善果；即使方向對了，如果沒有正確的方法，也往往是事倍功半。五千多年的中華文明能夠在世界上獨樹一幟，能夠造就無數精英，就在於一代一代的先人，用自己的一生，親證了人生的智慧。白話來說就是先人們以身作則，既為我們指明正確的方向，也留給我們簡單易行的修行之法。

透過前面幾篇，我們已經知道做人很難，因為我們的心不乾淨；做壞人更難，因為沒有前途；做聖人看起來很難，但這條路上沒有競爭者，而且有可以參照的範本，只要我們一步一步修行，一點一點累積，就會逐步提升自己的人生境界。

孔子曰：「工欲善其事，必先利其器。」古代聖賢之人，修行得道皆有善法和道器。若只是明理而無連續的修行，空說修行而無善法，定無修成正果之希望。接下來，我們就重點講一講，歷史上那些成聖成賢的先人是用什麼方法超凡入聖的。

印光法師在《〈袁了凡四訓〉鑄板流通序》中寫道：「其器仗須用顏子之『四勿』，曾子之『三省』，蘧伯玉之『寡過知非』。」

顏子就是顏回，孔子的學生，頗得孔子讚賞。他善用克己功夫，恪守「四勿」原則，即「非禮勿視，非禮勿聽，非禮勿言，非禮勿動」，不符合「禮」的事，就不去看、不去聽、不去說、不去做，以此保證自己的心與這個世界的溝通管道暢通，不會因為「非禮」而亂心。

曾子也是孔子的學生，得孔子自省心法。他曾說：「吾日三省吾身：為人謀而不忠乎？與朋友交而不信乎？傳不習乎？」他以「忠」、「信」、「傳」這三者為準則，處處、時時、事事反省自己：替別人做事盡心盡力了嗎？與朋友交往做到真誠守信了嗎？認真複習老師傳授的學業了嗎？於是，他得以持續地提升自己。

蘧伯玉也是大修行者，與孔子是至交，他是春秋時期衛國著名的賢大夫。古之「衛地多君子」，蘧伯玉便是衛國君子的代表。他居心端正，坦誠磊落，言行有度，舉止有禮，人們都十分敬重他。一次，衛靈公與夫人南子在宮中夜坐，先聽到轔轔的車聲，但車聲到宮門口時卻消失了，過了一會兒，轔轔的車聲又響起來。衛靈公就問南子：「你知道剛才過去的人是誰嗎？」南子說：「應該是蘧伯玉。」衛靈公問：「你怎麼知道是他呢？」南子說：「君子是非常注意自己生活細節的，車走到宮門口時沒了聲音，那是車的主人讓車夫下車，用手扶著車轅慢行，為的是不讓車聲打擾國君。忠臣和孝子不會在大庭廣眾之下大肆宣揚自己的善行，也不會因在黑暗之中沒有人能看到而改變自己的操守。蘧伯玉是我們衛國品行端正的大夫，仁而有智，對國家恪盡職守。他不會因為夜晚沒人會看見就忘記禮節。」衛靈公派人去看，果然是蘧伯玉。這就是成語「不欺暗室」的典故。

一般人在別人能看到自己的時候，是比較容易做到言行有度、舉止有禮的，但在別人看不到自己的時候，就不容易保持操守了。真正的君子，無論在什麼時候、什麼地點，都能做到言行如一，因而讓人尊敬。

後世有透過修行而成聖成名的，如王陽明；也有本是名人，又透過修行讓自己有了聖賢之氣的，如蘇東坡。

實際上，任何事情都是有竅門的，修行也是如此。

如果你不知道怎麼提升自己的修為或者不知道擁有美德時內心是什麼感覺，可以使用一個簡單易行的方法：為自己找一個偶像。不要以為成年人不需要偶像，實際上偶像就是自己未來最想成為的樣子，是自己的人生導師。找到偶像以後，將他們的思想、言語和具體的做法放進自己心中，時時看，時時說，時時做，你的氣質就會發生巨大變化。

第8講　改變命運的四個邏輯層次

在現實生活中，我們都見過業餘選手和專業選手之間的區別。業餘選手的基本風格是散打、亂打，顧此失彼，有對有錯，有得有失，有苦有樂，當然基本局面是苦多樂少，樂時在招苦，苦時在招災，只能在業餘選手當中比高低，面對專業選手時就不堪一擊了。

專業選手往往會把一項活動變成技術體系。比如打乒乓球，我在與球友們散打、亂打時，只是粗淺地知道幾個技術要領，後來結識了專業教練，才知道打乒乓球有上千個技術要點，在一場正式的比賽中需要謀劃的內容簡直猶如一部兵書。

這就是業餘和專業的區別。一項運動都如此複雜，改變人的命運，更是需要了解相應的技術要點。若是只會一招半式就貿然行動，雖然會有一些效果，但最終恐怕很難達成自己預期的結果。

《了凡四訓》全書分為「立命之學」、「改過之法」、「積善之方」、「謙德之效」四個部分，作者以親身經歷講述了自己改變命運的經過。這就是改變命運的專業技術，這四個部分也構成了改變命運的四個邏輯層次。

第一個邏輯層次：立命之學

「立命之學」主要講述了作者自己命運的故事。了凡先生自幼喪父，母親命他學醫。後來，他遇到算命高人孔先生，孔先生精通「皇極數」，能預測人的未來命運。一開始，了凡先生和很多人一樣不太相信，但巧合的是，此後的二十年，他的人生真的按照這位老者所算定的模式發展，連考試考第幾名都十分精確地應驗了。這讓他篤信了「宿命論」，認為「榮辱死生，皆有定數」，從此沒有了上進之心。

與此同時，孔先生還有兩項預測讓了凡先生十分鬱悶：一是說他會在五十三歲時，壽終在家裡；二是說他一生沒有子嗣，他們家族的香火在他之後就斷絕了，也就是我們很熟悉的「絕戶」。從古人的觀點來看，家中若是沒有兒女，會讓人尷尬，也很難交代：一是沒有兒女就證明當事人德行太薄；二是無法完成家族傳承，死後沒臉見祖宗。

當然，了凡先生還是很幸運的，因為他又遇到了雲谷禪師，二人「對坐一室」，徹夜長談，終使了凡醒悟，懂得了「命由我作，福自己求」的道理，知道了如何改變命運。於是了凡先生就從過去的篤信「宿命論」轉向了相信「造命論」。

從此，了凡先生的人生信念發生了根本改變，他啟動了人生的「修行模式」，將自己的生活、事業都當成了修行。他修正了自己的想法和行為，找到了短命和沒有子嗣的根本原因，最終不僅生下了兒子天啟，還將自己的壽命延長到了七十四歲。自然地，他也因為自己的修行而功成名就。一個普通人竟然改變了算命高人所算出來的命，聽到的人無不嘖嘖稱奇，也很羨慕和嚮往。

說起來，這「立命之學」有兩個要點：一是在現實生活中實踐聖賢思想，以聖賢為榜樣；二是把自己的人生當成一場修行。

第二個邏輯層次：改過之法

既然人生開啟了「修行模式」，那就要開始「修理」自己了。「改過之法」講的就是改正自己過失的辦法。過失會為自己拉仇恨、製造麻煩，讓自己的人生不斷貶值，留著它幹什麼呢？真心想改變自己命運的人，也就是真心想為自己好的人，當然要勇敢地、毫不猶豫地、持續不斷地把自己那些卑劣的品性與言行改掉。

為此，了凡先生發了「三心」，即「慚愧心、畏懼心、勇猛心」。

先說慚愧心。慚愧心也就是羞愧心，這是讓自己跟過去的人生一刀兩斷，絕不延續過去的錯誤，如孔子最得意的弟子顏回那樣「不貳過」。這也就意味著，每一次犯過失之後經歷反省，都讓過失成為自己進步、升級的一個臺階。這不就是成聖、成賢、成道之法嗎？說到這裡，大家就明白成語「聞過則喜」的奧妙了吧。很多人之所以命運起伏不定，不就是因為他們不斷地重複過去的錯誤嗎？在現實生活中，大部分人面對自己的過失時都會遮掩、自辯或者逐漸麻木，哪有什麼慚愧心或者羞愧心呢？僅此一點，我們就能窺見一點眾人命運有所不同的奧祕。

再說畏懼心。據說，聰明而有成就的人都謹慎，因為他們的心中有天道，有良知，有道德，有法律。魯莽的人貌似勇敢，卻成事不足，敗事有餘。愚蠢的人會以卵擊石，硬往槍口上撞，自然不會有好的命運。

最後說勇猛心。有勇猛心表現為一旦知道了自己的過失，就絕不會得過且過，不會抱有僥倖心理，不會為自己找理由，而是立刻去改過。只要真正去改過，美好總會呈現的。現實生活中有的人知道很多道理，看起來也很厲害，但沒有真正去實踐，也沒有勇猛心去改過，自然也就不會有收益。

了凡先生將改過分成了相互關聯的三個部分：從事上改、從理上改、從心上改。如果沒有從理上、從心上去改，只是從事上改，就去不了病根，治標不治本。總結起來，「改過之法」就是清理內心，變廢為寶。

第三個邏輯層次：積善之方

改過，重在清理生命中的垃圾；積善，重在累積生命中的營養與能量。在這一部分中，了凡先生講述了十個因為積善而獲得好報的故事。他打破了現實中很多人關於善惡的那種簡單而又漏洞百出的想法，從真假、端曲、陰陽、是非、偏正、半滿、大小、難易這八個方面，告訴我們偽善為何不靈驗，真善為何有能量。

了凡先生還根據當時的情況，列舉了十條可以行善的方法，並做了相應解釋：第一，與人為善；第二，愛敬存心；第三，成人之美；第四，勸人為善；第五，救人危急；第六，興建大利；第七，捨財作福；第八，護持正法；第九，敬重尊長；第十，愛惜物命。

第四個邏輯層次：謙德之效

這是《了凡四訓》的第四部分，是改變命運的最後一個邏輯層次，更是能夠讓改變命運的邏輯螺旋上升、不斷進步的關鍵環節。

現實中一些積德行善的人往往也會讓人厭惡。正所謂「滿招損，謙受益」、「天道虧盈而益謙」，第四部分「謙德之效」主要講謙虛這項美德的效用，就是來破解積德行善之後可能產生的新問題。我們講的道德，以老子的思想最為經典。老子在《道德經》中專門講述了破解偽善的良方是「上善」；還講解了真正的道德乃是「玄德」，這跟我們所聽到的「陰德」很相似，否則，「一顯就漏，一說就破」。

最後，了凡先生總結了整本書的內容，說明了改命要立志而行，命自我立，有了志向而努力，自然可以改變命運，只要以造福眾人立命，只要以改過避免自己淪陷，只要持續積善讓自己擁有強大的能量，只要始終保持謙虛謹慎、戒驕戒躁，那麼，有志於功名者，必得功名，有志於富貴者，必得富貴。人之有志，如樹之有根，立定此志，自然感動天地眾生，而由自己創造出美好的命運。

第一篇：立命之學

第9講 遇見貴人時，你認得嗎？

人來到世上，走南闖北，會遇到很多人，其中有一些人會對我們的人生產生重大影響。

首先，我們會遇到父母和其他親人，心靈如同一張白紙的我們，會將他們的言談舉止燒錄到心裡。有人說，家庭是人生的第一所學校，父母是孩子的第一任老師。這所學校怎麼樣，這任老師怎麼樣，對我們人生的影響非常大。然而，很多現代人卻往往疏忽了家庭教育的重要性。之後，我們會遇到更多的人，有老師、同學、同事、朋友等，他們身上的氣息和能量都或多或少會帶給我們一些影響。

等到有了自己的小家庭，由於夫妻之間的特殊關係、接觸交往的密度和深度，夫妻對彼此命運的影響十分深遠。於是有人說，如果一個女人找到一個真心疼愛自己的丈夫，她一定會很幸福；如果一個男人找到一個溫柔善良的妻子，他整個家族的命運就不會太差。反之，如果一個女人找到的是一個不上進、脾氣惡劣、總在指責別人、沒有道德底線的丈夫，她的生活將陷入水深火熱；如果一個男人找到一個飛揚跋扈、自私狹隘、認錢不要命、總在抱怨指責的妻子，也就沒有多少好日子可過了；如果夫妻兩個都是有嚴重問題的人，那家庭氛圍的糟糕就毫無懸念了，更糟糕的是，這樣的家庭中，可能還有一個或者幾個無辜的孩子，他們會生活在暴力、吵鬧和惶恐中。

當然，只要我們自己的狀態不是糟糕透頂，人生幾十年中總會遇到一些善待我們的人，也就是我們所說的貴人。在這一篇中，我們就一起來看看，了凡先生一生中遇到了幾位貴人。

了凡先生童年喪父，與母親相依度日。《了凡四訓》全文有兩處提到了自己的母親，可見母親對了凡先生的影響很深刻。

【原文】

余童年喪父，老母命棄舉業學醫，謂：「可以養生①，可以濟人，且習一藝以成名，爾父夙心②也。」

後余在慈雲寺，遇一老者，修髯③偉貌，飄飄若仙，余敬禮之。語余曰：「子仕路中人也，明年即進學，何不讀書？」余告以故，並叩老者姓氏里居。曰：「吾姓孔，雲南人也。得邵子④皇極數⑤正傳，數該傳汝。」

【注釋】

①養生：指維持生計。

②夙心：夙願。

③髯：兩腮的鬍鬚。

④邵子：邵雍，北宋著名理學家。

⑤皇極數：指邵雍所著《皇極經世書》，該書是一部運用易理和易數推究宇宙起源、歷史演化的著作。

【白話】

我童年喪父，母親命令我放棄讀書而學醫，她說：「學醫可以維持生計，可以救人；況且你能夠精通醫術而成名於世，這也是你父親向來的心願哪。」

後來我在慈雲寺遇見一位老人，他有長長的鬍鬚，相貌非凡，飄飄若仙，我恭敬地向他敬禮。老人對我說：「你本是官場中人，明年就會考上秀才，為什麼不去讀書呢？」我就把不讀書的緣故告訴了他，並請教他的姓氏和住處。老人說：「我姓孔，是雲南人。我得到宋代邵雍先生皇極數的正統傳授，按照定數，應當把皇極數傳授給你。」

【原文】

余引之歸，告母。母曰：「善待之。」試其數，纖[①]悉[②]皆驗。余遂啟讀書之念，謀之表兄沈稱，言：「郁海谷先生在沈友夫家開館[③]，我送汝寄學甚便。」余遂禮郁為師。

【注釋】

①纖：細小的事情。

②悉：全部。

③開館：開設學館。

【白話】

於是我就請他到家裡來，並且稟告母親。母親說：「你好好款待他。」我們測試孔先生的皇極數，他所推算的，哪怕是微細的事情，都一一靈驗。於是我就起了讀書的念頭。我去跟表兄沈稱商量，他說：「郁海谷先生在沈友夫的家裡開學館，我送你去寄讀是很方便的。」於是我就拜郁海谷先生為師。

【原文】

孔為余起數①：縣考②童生，當十四名；府考③七十一名；提學考④第九名。明年⑤赴考，三處名數皆合。

【注釋】

①起數：起卦。

②縣考：又叫縣試，由縣令主持。

③府考：又叫府試，由知府主持。

④提學考：由提學主持的考試，考中者為秀才。

⑤明年：第二年。

【白話】

孔先生用皇極數為我推算，他說，我作為童生參加縣考，當中第十四名；府考當中第七十一名；省考當中第九名。第二年赴考，三次考試取得的名次都與孔先生測算的一模一樣。

前文中了凡先生提到與母親直接相關的兩件事：一是母親讓他放棄科舉仕途學醫，利人利己；二是了凡先生遇到孔先生，母親要求他「善待之」。從這兩點中，我們可以看出母親對兒子的前途和為人的考慮與要求。可以說，了凡先生的第一位貴人就是自己的母親，而了凡先生的第二位貴人就是孔先生。

孔先生建議了凡先生去讀書，還要按照定數把皇極數傳給了凡先生。了凡先生用自己的人生經歷測試了孔先生的算法，驚奇的是，孔先生所算的了凡先生的過去和現在，竟然一一靈驗。不管是在哪個時代，這都很令人驚嘆哪！

【原文】

復為卜終身休咎①，言：「某年考第幾名，某年當補廩②，某年當貢③，貢後某年，當選四川一大尹，在任三年半，即宜④告歸⑤。五十三歲八月十四日丑時，當終於正寢，惜無子。」余備錄而謹記之。

【注釋】

①休咎：吉凶。

②補廩：增補為廩生。

③當貢：成為貢生。

④宜：應當。

⑤告歸：辭官歸鄉。

【白話】

孔先生又為我推算終身吉凶，他說：「你某年當考第幾名，某年當補廩生，某年當做貢生。做貢生之後的某年，當被選派去四川做知縣，在任三年半，就應當辭官歸鄉。五十三歲那年的八月十四日丑時，將在自己的臥房中去世，可惜沒有兒子。」我就把孔先生的話一一寫下來，並且慎重地記在心裡。

【原文】

自此以後，凡遇考校①，其名數先後，皆不出孔公所懸定②者。獨算余食廩米九十一石五斗當出貢，及食米七十餘石，屠宗師即批准補貢，余竊③疑之。後果為署印楊公所駁，直至丁卯年④，殷秋溟宗師見余場中備卷，嘆曰：「五策⑤，即五篇奏議也，豈可使博洽淹貫⑥之儒，老於窗下乎！」遂依縣申文准貢，連前食米計之，實九十一石五斗也。余因此益信進退有命，遲速有時，澹然無求矣。貢入燕都，留京一年，終日靜坐，不閱文字。

【注釋】

①考校：考試。

②懸定：預先算定。

③竊：私下。

④丁卯年：指西元一五六七年。

⑤策：策論，古時指議論政治問題、向朝廷獻策的文章。

⑥博洽淹貫：學問淵博，思想通達。

【白話】

自那以後，我遇到的所有考試，取得的名次都與孔先生所推算的完全一致。唯獨他算我食廩米九十一石五斗時當補貢生，而我食米七十餘石時，學臺屠宗師就同意我補貢，我私下懷疑這次做不成貢生，後來果然被接任的代理學臺楊公駁回。直到丁卯年，殷秋溟宗師看到了我未被錄用那次考試時寫的試卷，感嘆道：「這五篇策論，就如同上呈給皇帝的奏摺。怎麼可以使這樣有學問的讀書人被埋沒呢？」於是依據縣裡的申請文書，准許補我為貢生。這時候，加上此前所領的米，我領到的米正好是九十一石五斗。經過這件事情，我更加相信人生的進退浮沉都是有定數的，就連具體時間都已注定。因此我對一切都看得很淡，不再刻意去追求什麼了。我做貢生後，在燕京的國子監待了一年，整天靜坐，不再讀書。

至此，除了沒有兒子和壽命長短沒有印證之外，其他的事都被孔先生算準了。這實在是太神奇了！

可是，也正因為算得太準，了凡先生陷入了深深的鬱悶。了凡先生遇到的這位孔先生，並沒有告訴他人生問題的破解之法，反而讓他添了心病。當然，我們都知道最後的結果：關於「壽命」和「子嗣」這兩項，高人孔先生最終卻失算了。

到底發生了什麼？這就是《了凡四訓》最有趣的地方。了凡先生深感鬱悶時，幸運地遇到了人生的第三位貴人——雲谷禪師，他讓了凡先生開悟，並且真的改變了命運。

各位朋友，你肯定也遇到過高人或者貴人，你是否認得出來呢？把你人生的每一步都推算精準，遇事卻不給解法的，只能算是激發你的貴人；唯有那些能夠引領你走向進步、升級和突破的人，才是你真正的、導師級的貴人。也許，最苦命的人，就是遇到了貴人自己卻不知道的人。為什麼會這樣呢？因為這樣的人總是因自以為是而封閉自己，因虛榮而缺乏「受教」的能力。

第10講　結交貴人是一門學問

每個人一生中都會遇到很多人，其中會有一些人對我們產生重大而積極的影響，我們稱他們為「貴人」。他們會在我們生命中某些重要的時刻出現，如同我們人生旅途中的「掌燈者」，讓我們的前方出現一片光明。

只是，貴人千面，功能萬種，遠遠超出我們的想像。所以總有人感嘆：「我怎麼就沒有遇到貴人呢？我怎麼總是遇到小人呢？」實際上，這就是「著相」了，也就是其思維一直停留在現象層面上。難道只有送錢財、送官位給你的才是貴人？送磨難給你、幫你戒除自己的貪欲與小聰明的就不是貴人？你得到了錢財與官位，就一定會飛黃騰達嗎？若是你得到了自己消受不起的錢財與官位，會有什麼後果？

也許，每個人的一生中從來不缺少貴人，只是很多人缺乏識別貴人的眼睛。讀過《了凡四訓》的朋友可能會感慨：「了凡先生的命真好，能夠得到兩位高人的指點。」若是這樣來認識《了凡四訓》，就落入了俗套。了凡先生的人生並不完全是因為有高人扶持才變得不同，根本原因是他自己有慧根。

實際上，無論是誰，都會遇到貴人，區別在於是否打通了與貴人的緣分。那麼，如何打通與貴人的緣分呢？有以下七個要點。

第一，要知道，我們所遇到的每一個人，都有可能是我們的貴人。

第二，遇到貴人時要敞開心扉，主動接受指點和建議，而不是去挑剔和非議。

第三，面對貴人，要主動親近他、善待他，讓他看到你的本心和底色。

第四，要用心領悟他向你提出的建議，按照他的建議去做。

第五，用恰當的語言和行動表達你對他的感激。

第六，在他遇到別人的冷遇或者不友善時，要給予他支持，替他化解。

第七，要與他建立深厚的情感關係，對他沒有懷疑和排斥，唯有接納和感動。

結交貴人是人生中一門很特殊的學問，也是對一個人心靈功夫的檢驗。要做好這門學問，還要注意以下幾點。

第一，人的命運有兩種程式。

人的生命如同一部機器，這部機器中至少會安裝兩種程式：一是先天的秉性與天賦，這是每個生命的基底，甚至可以說是一種本色；二是後天的接收與「被安裝」的程式，也就是出生後受到的影響和被體系化安裝的程式。每個人的命運基本上都是由這兩種程式影響或者決定的。

第二，認識命運圖景。

人的命運往往與前期累積下的人脈關係和當下遇到的人有重大關係。在我們生命中出現的各種人和建立的各種關係，構成了我們如絲網般的命運圖景，而人就如同在絲網上爬行的蜘蛛。正如哲學家卡爾·馬克思（Karl Marx）所言，人的本質就是一切社會關係的總和。自然，組成這個「如絲網般的命運圖景」的「絲」和形成的「結構」的不同，就決定了那個時段中我們的喜怒哀樂、悲歡離合、得失順逆。

第三，看清相遇福禍。

在我們大多數人的認知中，貴人是無條件地對我們好，多次幫我們忙，對我們的人生產生積極影響的人。實際上，這是世俗之見，是我們用俗眼看世界的結果。很多人不明白，人生命運的真相是：在每時每刻，都會有貴人環拱，他們靜靜地等著我們出現某種狀態，方會出手完成他們對我們的使命，然後就會從我們的生活中消失。如果我們看不懂，貴人就會換著身分不斷地出現在我們的生命中，直至我們覺醒或者死去才會離去。但是，我們也可能會遇到對我們產生重大消極影響的人，猶如撞見了一個惡魔，會讓人的生命轉向負面或者罪惡的方向。

第四，警惕圈子陷阱。

生命的真相是人人都活在圈子裡。圈子的性質，會決定那個時段的命運狀態。低級而同質性的圈子，往往會變成禁錮人的「桎梏」或者「圈」（此處讀ㄐㄩㄢˋ／juàn，意為人把自己變成了圈養的動物）。「圈養」有以下四種特徵：一是將同圈裡的人視為「自己人」；二是物質利益「內循環」，精神內涵「江湖化」；三是不良的利益深度連帶，使同圈裡的人變成同謀或同一根繩上的螞蚱；四是同圈裡的人對彼此相似的缺陷和錯誤進行集體性的「合理化」，達到「集體遮蔽」的效果，說得白話點就是臭味相投、互不嫌棄，於是就在嬉笑中一起做壞事。

現在很多人建立的都是同質性的圈子，在這個圈子中都是跟自己很類似的人，會讓人感到很親切，會因為利益連帶而產生都是「自己人」的感覺。實際上，跟自己類似的人，往往會彼此強化、加固過去的「舊我」，這是每個生命進化過程中最大的威脅。同質性很強的人聚在一起，會減緩生命進化的速度。由此我們可以知道，尋找跟自己不一樣的人，學習他們身上自己不具備的優點，學會跟那些與自己不一樣的人相處，才能夠真正促進自己的進化，讓人從小我走向大我，直至無我。任何一個給你一種新的視角、新的知識、新的體驗的人，都可能是幫助你完成生命更新的貴人。

第11講　名師開悟，你接得住嗎？

很多人都聽過這樣一句話：「讀萬卷書不如行萬里路，行萬里路不如閱人無數，閱人無數不如名師指路，名師指路不如心靈開悟。」這句話強調了五個重要觀念：讀萬卷書、行萬里路、閱人無數、名師指路、心靈開悟。五個觀念中間用「不如」一詞來連接，這不是簡單地用後者否定前者，而是一種向上遞增的關係；否則，最高的境界「心靈開悟」就成了空中樓閣。

「讀萬卷書」說的是，在文化與思想的傳承方面，我們不能平地起高樓，而是要在繼承的基礎上發展與創新。「行萬里路」說的是，我們要開闊視野，走進自然，深入社會，觸摸人心，而不能只坐在書齋裡臆度世界。「閱人無數」說的是，我們要透過與各式各樣的人交往來觀察現實的生命，並尋找自己與各種不同生命的連結。「名師指路」說的是，人在自己的人生旅途中若能得到名師指引，就會少走很多彎路，可以提高我們做事的效率，加快我們成長的速度。「心靈開悟」說的是，前述四個過程最終都指向每個人自身的精神自由，也就是心靈的開悟。開悟的關鍵是打開自我，走出自我、舊我和小我，走進人和事物的本質，掌握規律並自如地運用規律。

了凡先生人生中的第三位貴人，就引導了凡先生走上了開悟的歷程。

【原文】

己巳[1]歸[2]，遊南雍[3]。未入監，先訪雲谷會禪師於棲霞山中，對坐一室，凡三晝夜不瞑目。

【注釋】

①己巳：指西元一五六九年。

②歸：回到家鄉。

③南雍：指南京的國子監。

【白話】

己巳年我回到家鄉江南，去南京的國子監求學。入學之前，我先到棲霞山去拜訪了雲谷禪師。我們面對面坐在一間禪房裡，三天三夜都沒有闔眼。

寥寥數語，就提到了雲谷禪師。雲谷禪師是一位高僧，雖然我們不知道了凡先生是怎樣結識雲谷禪師的，但無論如何，能夠結交到大修行者，絕對是人生中一份無法估量的財富。

【原文】

雲谷問曰：「凡①人所以不得作聖者，只為妄念②相纏耳。汝坐三日，不見起一妄念，何也？」余曰：「吾為孔先生算定，榮辱生死，皆有定數，即要妄想，亦無可妄想。」雲谷笑曰：「我待③汝是豪傑，原來只是凡夫。」

【注釋】

①凡：大凡，大致。

②妄念：妄想，不切實際或不正當的念頭。

③待：當作。

【白話】

雲谷禪師問道：「大凡人之所以不能成為聖人，只是因為各種胡思亂想把他纏住了。而你坐了三天三夜，竟然沒有產生一絲一毫的妄想，這是為什麼呢？」我回答說：「我的命運已經被孔先生算定，榮辱死生，都已命中注定，我就是要胡思亂想，也沒有什麼可想的。」雲谷禪師笑著說：「我還以為你是個了不起的人物，原來只是一個凡夫俗子。」

了凡先生的狀態終於被雲谷禪師看得一清二楚——是一個心靈被困住了的凡夫俗子在打坐。

實際上，雲谷禪師所問的問題背後藏著禪機。

我們來拆解一下這個禪機中的四個邏輯層次。

第一個邏輯層次：悟道成聖的人，都是去除了妄想執念的人。若是做不到這一點，就不能悟道成聖。第二個邏輯層次：很顯然，了凡先生沒有悟道成聖。第三個邏輯層次：了凡先生沒有悟道成聖，但連坐三日，竟然也沒有產生任何妄想執念。第四個邏輯層次：了凡先生沒有成聖，又連坐三日不起一絲妄念。雲谷禪師心中已有了答案：這就是典型的「枯坐」和「死坐」。這是凡夫俗子打坐時經常犯的典型錯誤。

【原文】

問其故，曰：「人未能無心，終為陰陽①所縛，安得②無數③？但惟凡人有數；極善之人，數固拘他不定；極惡之人，數亦拘他不定。汝二十年來，被他算定，不曾轉動一毫，豈非是凡夫？」

【注釋】

①陰陽：指天地萬物。

②安得：怎能。

③數：注定的命運。

【白話】

我問雲谷禪師為什麼認為我是個凡夫俗子，雲谷禪師說：「一般人還不能消除虛妄的世俗之心，總是在不斷地攀緣外境，思慮事物，所以終究要被天地萬物束縛住，怎能沒有命數？但是，只有凡夫俗子的命數才是注定的；極善的人，命數限不住他；極惡的人，命數也限不住他。你這二十年來的命運，都與孔先生測算的一模一樣，不曾有一分一毫的改變，你不是凡夫俗子又是什麼呢？」

凡夫俗子與極致之人，其生命模式大不相同：凡夫俗子的命運是一條平緩的直線，心靈似乎在休眠，肉體又被外境所控制，就如同一個木偶；極善之人和極惡之人的內在力量非常強大，於是就改變了命運那條平緩的直線。當然，極善之人向上，走向了光明與正道；極惡之人向下，走向了陰暗與邪路。

【原文】

余問曰：「然則數可逃乎？」

曰：「命由我作，福自己求。《詩》《書》所稱，的為明訓[1]。我教典[2]中說：『求富貴得富貴，求男女得男女，求長壽得長壽。』夫妄語乃釋迦大戒，諸佛菩薩，豈誑語[3]欺人？」

余進曰：「孟子言：『求則得之，是求在我者也。』道德仁義可以力求；功名富貴，如何求得？」

雲谷曰：「孟子之言不錯，汝自錯解了。汝不見六祖[4]說：『一切福田[5]，不離方寸[6]；從心而覓，感無不通。』求在我，不獨得道德仁義，亦得功名富貴，內外[7]雙得，是求有益於得也。若不反躬內省，而徒向外馳求，則『求之有道，而得之有命矣』，內外雙失，故無益。」

【注釋】

①明訓：極好的教誨。

②我教典：指佛教的經典。雲谷禪師是佛教中人，故稱佛經為「我教典」。

③誑語：假話。

④六祖：指禪宗六祖惠能。

⑤福田：福祉。

⑥方寸：指人心。

⑦內外：指內在的仁義道德與外在的榮華富貴。

【白話】

我問道：「那麼，可以逃得過已經注定的命運嗎？」

雲谷禪師說：「命運的好壞是我們自己決定的，福祉也要我們自己去追求。《詩經》和《尚書》中所講的這個道理，的確是極好的教誨。佛教經典中說：『追求富貴的人就能得到富貴，追求兒女的人就能得到兒女，追求長壽的人就能得到長壽。』說假話乃是佛教中的大戒，諸位佛祖和眾多菩薩怎麼會說假話來騙人呢？」

我進而問道：「孟子說：『去追求就能夠得到，這是因為追求的關鍵在於我自己。』只要我努力，就可以求得道德仁義；功名富貴又怎麼能夠求得呢？」

雲谷禪師說：「孟子的話沒有說錯，是你自己理解錯了。你沒聽過六祖惠能這樣說嗎？他說：『所有的福祉都離不開內心的追求；向自己心頭去尋求，就一定能夠得到。』自己去求，就是要斷惡積善，這不僅內得道德仁義，外亦得功名富貴，內外雙得，這樣的求是有效的。如果不反省自己的過失，而是一味地向外追求，那就要聽天由命了，而且內不得道德仁義，外不得功名富貴，內外雙失，這樣的求是沒用的。」

這段對話真是精彩至極，雲谷禪師幫了凡先生解開了兩個心結：一、命數是可以破解的；二、破解的法門，就是要向內求。「內求」可謂是中華文化中的核心法門之一，如六祖惠能所說，世間的一切福祉，都離不開自己的心，只要向自己的內心去尋找，就無不感天動地而順利得到。

如果你感覺自己的心中沒有那種破解自己的命數求得福祉的神奇力量，那就啟動一種強力的程式吧：借助外力，把聖賢偉人強大的智慧能量裝進自己的心中，時時誦讀，深刻理解，處處實踐，命運的改變就會由此發生。

第12講　能對症下藥的才是好醫生

大多數人對中醫都有一些了解。中醫既對人體健康與疾病有系統的認知，也會針對具體個案進行個人化的處理。即使是類似的症狀，在病因、病機等方面也是有差異的，因此，中醫診治一定是辨證施治、一人一案、一病一方，針對性極強。

中醫治病，首要的是治人，因為你是什麼樣的人，就會得什麼樣的病，不治人就很難真正治好病。實際上，除了常見的身體疾病，人類還會患很多心理疾病，甚至還有「靈魂病」。了凡先生就患了「靈魂病」，幸運的是他遇到的雲谷禪師不僅是一位良師，還是一位良醫。

那麼，雲谷禪師是如何有針對性地治療了凡先生的「靈魂病」呢？如果有人如雲谷禪師那樣告訴你「靈魂病」的原理，你是否能找出自己的病因與治法呢？下面我們就來看一看了凡先生如何在名師的指點下，開啟心智，走上覺醒之路，最終找到無子六因。

【原文】

因問：「孔公算汝終身若何？」余以實告。雲谷曰：「汝自揣①應得科第否？應生子否？」余追省②良久，曰：「不應也。科第中人，類有福相③，余福薄，又不能積功累行，以基厚福；兼不耐煩劇，不能容人；時或以才智蓋④人，直心直行，輕言妄談。凡此皆薄福之相也，豈宜科第哉？」

【注釋】

①自揣：自己估量。

②追省：反省。

③福相：有福氣的相貌，此處指能為自己帶來福祉的品德、言行。

④蓋：超越。

【白話】

雲谷禪師接著問我：「孔先生算你這一生的命運是怎樣的？」我如實回答了他。雲谷禪師說：「你自己估量，你是否應該獲取科舉功名？是否應該有兒子？」我反省了很久，才回答說：「不應該。能夠獲取科舉功名的人，大都有福相。我沒有福相，又不能累積功德、力行善事來培植獲取厚福的根基；另外我不能忍受紛雜繁難的事務，度量狹小；有時還會憑藉自己的才智壓制別人，隨心所欲，輕言妄談。這都是福氣薄的表現，我怎麼能獲取科舉功名呢？」

【原文】

「地之穢者①多生物，水之清者常無魚，余好潔，宜無子者一；和氣能育萬物，余善怒②，宜無子者二；愛為生生③之本，忍為不育之根，余矜惜名節，常不能捨己救人，宜無子者三；多言耗氣，宜無子者四；喜飲鑠④精，宜無子者五；好徹夜長坐，而不知葆元毓⑤神，宜無子者六。其餘過惡尚多，不能悉數。」

【注釋】

①地之穢者：糞土多的地方。

②善怒：愛發脾氣。

③生生：生生不息。

④鑠：銷毀。

⑤毓：養育。

【白話】

「糞土多的地方能生長出很多東西，乾淨的水中常沒有魚，我過分愛乾淨，這是我不應該有兒子的第一個原因；和氣能夠養育萬物，而我愛發脾氣，這是我不應該有兒子的第二個原因；仁愛是萬物生生不息之本，狠心刻薄是不能養育之因，我只顧愛惜自己的名節，常因放不下自己的身段而耽誤救人，這是我不應該有兒子的第三個原因；我平時說話太多，消耗了自己的精氣，這是我不應該有兒子的第四個原因；我喜歡飲酒，消耗了自己的精力，這是我不應該有兒子的第五個原因；我經常整夜靜坐，而不知道保養元氣、愛護精神，這是我不應該有兒子的第六個原因。我其餘的過失還有很多，不能一一列舉出來。」

透過了凡先生的經歷，我們可以總結出以下五個要點。

一是要有自知之明。要知道自己的知識與智慧是有限的，如果只相信自己所擁有的有限知識與智慧，就會長期處於故步自封的狀態而不能前行。

二是要善於求知問道。在陷入困頓的時候，要主動去請名師指引自己。否則，就會更加困頓，如同打了一個死結，越拉越緊。

三是要勇敢向內看。了凡先生在雲谷禪師的引導下，勇敢地找到了自己內心六種骯髒的能量與自己的厄運之間的因果關係，並十分坦誠地說了出來，這是十分不容易的。很多人總是遮遮掩掩，不敢將自己的缺點呈現給別人看，不敢讓它們見陽光，於是缺點就在陰暗中繼續繁衍，造成不可挽回的損失。

四是要坦誠上請。孔子曾經談到「不恥下問」，與之對應的就是「坦誠上請」，也就是不畏懼，不遮掩，不逃避，不怕露醜，坦誠地向高人請教。

五是要緊跟高人的腳步前行。在高人的引領下亦步亦趨，如同小時候拉著父母的手前行一樣，就能走上開悟的歷程，最終找到讓自己命運處在困頓狀態的那些內在的錯誤，並透過改變自己內在的思維與品德，改變外部呈現出來的命運的樣子。

第13講　命被算準了是怎麼回事？

我年輕的時候，對看相、算命之類的事情很好奇，覺得很有趣。但由於我受過科學訓練，我的理智告訴我，對這類事情不可盲目地相信，要謹慎地探索。經過多年的探索，我對命運有了一些自己的認識與理解，接下來我就與各位讀者分享我所理解的命運之道，看看算命被算準了究竟是怎麼一回事。

首先，「算得準」實際上就是算得淺。

對於擁有豐富的人生經驗並掌握了一定的方法與技術的人來說，一個處在初級或比較穩定狀態的生命就如同一張圖畫，一切都展現在眼前。孔先生之所以能夠把了凡先生的事情推算得那樣精準，一方面說明孔先生將皇極數運用得很嫺熟，另一方面也說明了凡先生當時處在一種初級和比較穩定的狀態，孔先生看了凡先生就是一種俯視，用現在流行的話說，這叫「降維打擊」，是高維對低維的俯視。如果一個人自身沒有大的變化，那麼他的命運就是一條「直線」，以他過去的經歷來推斷未來，算得就會很準。如果有強大的力量介入命運，那麼命運就會形成一條「波浪線」；如果篤定修行，那麼命運就會形成「螺旋上升線」。因此，按照過往訊息算出來的最多算是過去的命運，而不能等同於未來乃至全部的命運。這是很多人沒有深入思考的，或者是想不明白、容易搞混的。

當然，「命」有先天與後天兩部分，若是將一切都歸於先天，人就成了待宰的羔羊。「運」完全是後天的，如同一個衝浪者，面對各種變化，是否能夠保持朝著正確的方向前進，這才是關鍵。也許，讓人們能夠一直滿懷信心地活下去的，不是「命」這一直線式的既定性，而是「運」中存在的那種不確定的、可以改變的空間。如果有什麼東西可以讓每個人都感到興奮，那多半就是能夠改變命運的方法。

其次，對於算命的結果，我們一旦信了，就會自己騙自己，在潛意識裡讓自己的「信」能夠成立。

請高人算過命的人，對高人所描繪的命運景象無不感到驚訝。然而，當推算一次次被驗證時，人們也會產生絕望感，掉進「宿命論」的陷阱。當時的了凡先生，就進入了這種狀態。

運用皇極數推算一個人的命運，是一門很特殊的學問。人的命運是人與客觀世界一次次互動之後呈現出來的一種形態。為一個成年人算命，就是把他先天和後天的一系列生命進程展現出來，讓他自己來看。只是很多時候算命的人不會說明為什麼會這樣，所以人們會越發覺得命運很神祕，很難知曉清楚，也無法制定一個長遠的戰略來改善自己的命運。

現實中的人總是對自己的現狀不滿意，總想找一些辦法來改善自己的命運，也運用自己掌握的知識做了很多努力。我們來看幾個小案例。

案例一：王總捐了很多錢，希望神靈能夠保佑自己平安，並讓自己賺更多的錢。把自己的錢捐出去，這種行為有一種強烈的自我暗示，若是真的恰好求有所得，就會得出一個結論：求神很靈驗哪！是不是人們捐了錢，就會獲得神靈的保佑，在生活中一切順利呢？若是世間真的有神靈，神靈會因為有人捐了錢，就保佑這些人獲得更多的金錢嗎？顯而易見，這都是紅塵中的俗人自己總結出來的道理。我們只聽王總說捐錢求神靈保佑靈驗了，但我們不知道的是，他只說了靈驗的那一兩件事，不靈驗的事情他都沒說。

案例二：劉總天天念經磕頭，虔誠無比，心中只有一個念頭，就是希望透過自己的這份虔誠，能夠讓神靈保佑自己平安，讓自己賺更多的錢。大家想一想：如果神靈真的存在，會獎勵這樣一心為自己，而且貪婪無度的人嗎？

案例三：葉總很聰明，也做成了不少的事情，但也有不少的苦惱。有一次，他遇到了一個重大的挫折，心中憤憤不平，總覺得有人在背後整他。他平時掛在口頭上的話就是「我什麼也不信」，實際上他還是相信靠自己的聰明，是能夠取得個人成功的。但是在自己想不明白時，他也走到了那些宗教場所，去磕頭，去上香，去捐錢，希望神靈能夠幫他解開一些難題。很顯然，這就是老百姓常說的「臨時抱佛腳」，也就是平時不學習、不修行，等遇到事了再去求助，會靈驗嗎？

案例四：王先生是一位官員，工作能力比較強，也有些高傲。他很愛護部下，卻經常對抗上司，總覺得上司的水準還不如他的高。多年以來，他一直沒有被提拔，心中很是鬱悶。他偷偷地找人算過命，結果算完之後更鬱悶了。實際上，王先生的這種狀況還需要算命嗎？他心中的那份孤傲正是影響他命運的那個「毒瘤」，他愛護部下是居高臨下的，他對抗上司似乎也是居高臨下的；他把自己的能力看得太重，看不到別人的長處和優點，陷入了自以為是的困境中。若是不改變這一點，算命又有何用？

找高人為自己算命的人，往往是遇到了自己無法理解的現象或者不滿意的事情，想請高人為自己解惑或者幫自己找到破解的方法。但結果往往是越算自己越糊塗，越算自己越混亂：若是被算準了卻沒有破解之法，就會讓自己更加絕望；若是高人信誓旦旦地給出了破解方法，自己實行起來卻不奏效，也會讓自己進入更加混亂的狀態。

如果算命先生算得準，那是因為他對你過去和現在命運的運動規律有所了解，從各種跡象推算出來的。但是我們要明白，「命運學」中最高的學問不是簡單地總結過去，更不是直線式地預測未來，而是讓自己的命運變得越來越好。若是不懂得這個道理，而只是沉迷於算命之類的事，那未來的命運可能就會真的出現問題，而且有可能是更大、更難以解決的問題。

孔先生為了凡先生算了命，而且算出的很多內容都應驗了。如果了凡先生走不出被孔先生算定的命運，也就不會有《了凡四訓》了。由此可見，《了凡四訓》之所以被譽為「第一善書」，就是因為了凡先生透過自己的人生經歷找到了破解命運定數和改善自己命運的方法。

第14講　長什麼樣才是有福的相？

在現實生活中，人們常常會說起「貴人福相」這個話題。所謂「福相」，除了指有福氣的相貌，還包括能為自己帶來福祉的品德、言行。那種發自內心深處，呈現在臉上、身姿和表情中的風度，恐怕只有靠自己的修行才能出現。

接下來，我們談談了凡先生提到的「科第中人，類有福相」這個話題，看一看雲谷禪師對此有什麼看法。

【原文】

雲谷曰：「豈惟科第哉！世間享千金之產者，定是千金人物①；享百金之產者，定是百金人物；應餓死者，定是餓死人物；天不過因材而篤，幾曾②加纖毫意思？即如生子，有百世之德者，定有百世子孫保之；有十世之德者，定有十世子孫保之；有三世、二世之德者，定有三世、二世子孫保之；其斬③焉無後者，德至薄也。」

【注釋】

①千金人物：應該得到千金家產的人。

②幾曾：何曾。

③斬：斷絕。

【白話】

雲谷禪師說：「豈止科舉考試是這樣呢！世上享有千金家產的人，一定有能與千金家產相匹配的德才；享有百金家產的人，一定有能與百金家產相匹配的德才；那些被餓死的人，一定是應當受餓死報應的；上天不過是依據他們的德才，如實地把他們應有的禍福呈現出來罷了，哪有自己的傾向摻在裡面呢？比如生兒子這件事，累積的功德能夠蔭蔽百世子孫的人，一定有百世子孫去保護、祭祀他；累積的功德能夠蔭蔽十世子孫的人，一定有十世子孫來保護、祭祀他；累積的功德能夠蔭蔽三世、二世子孫的人，一定有三世、二世子孫來保護、祭祀他；那些斷絕後代的人，他們累積的功德一定很少。」

在這段話中，雲谷禪師講得可謂是層層遞進，從一般的法則講到具體事物的法理，這是一種開悟之人智慧的教法。從了凡先生此前的一番話中我們可以看出，他還沒有真正看清「心」與「相」的因果關係，儘管說出了自己福薄的一些原因，但結論依然是說自己福薄。在當時的狀態下，了凡先生看似已經知曉了什麼，但是還不十分清晰。實際上，每一個人心的狀態，也就是心中裝著的那些能量，決定著一個人的相貌與福報。我們絕不能為自己下一個福薄的定義，一定要明白這不是定數。我們內心那些信念、觀念以及它們演化出來的外在狀態和做法，才是決定我們命運的根本因素。

雲谷禪師的話，涉及個人命運中兩項非常重要的內容：功名與生子。先來說說功名。世人大都不知，功名包括兩個部分：一是內在的功力，二是外在的功名。「內在的功力」並非一般意義上的道德品質，而是一個人此生為自己選定的角色和靈魂的高度。有的人把自己設定為普通人，因此一切忙碌都是為了功名利祿，這樣的人內在功力就非常低。有的人將自己的生命與國家、民族的命運聯繫在一起，在真理面前將自己設定為一個修行者，在大道面前將自己設定為一個使者，僅此一念，內在功力就非常博大、高遠，這樣的生命，就擁有了吸納智慧、克服千難萬險的勇氣，自然也就會擁有外在的功名。很顯然，內在功力決定著外在功名，**人們為自己選定的人生角色決定了他們的人生道路**。

再來說說生子。古人將生子這件事與個人的內在德行和身體狀態聯繫在一起，他們認為生子不僅涉及家族香火的延續，還關係到一個民族是否能夠興旺發達，這是有一定道理的。當代人，尤其是生活在城市裡的人，對於繁衍自己的後代看得沒有古人那麼重，很多人不願意再為了民族的未來而繁衍後代，這樣的做法對於國家的長遠發展是有不利之處的。所以，我們不能將生子這件事情簡單地視為一種封建或者落後的傳統。對於這一點，若是不能及時覺醒，就可能會導致極其嚴重的後果。此外，我們還要警惕一種論調：鼓勵優秀的人、富有的人多生孩子。實際上，社會上的很多精英都來自並不那麼優秀、不那麼富有，甚至非常落後和普通的家庭，這樣的生命擁有一種十分強大的、向上的生命力。人，無論是優秀還是普通，無論是富有還是貧窮，在天地大道的規律面前都是平等的。反之，那些優秀的人若是不培養孩子吃苦耐勞的精神，若是不能夠立志為貧困的人去奮鬥，恐怕就會導致後代的退化。

在中華文化中，有「陽善」與「陰德」之說。行善而為人所知的，就是「陽善」；行善而不為人所知的，就是「陰德」。積「陽善」，會享受世上的榮譽，這更多是自己享用的。積「陰德」，天地大道的規律將給以福報，「陰德」也是留給後世子孫的道德財富，能夠福澤子孫。這是非常重要的話題，涉及以下四個要點。

第一，中華文化所推崇的道德並不是一人一家的獨活，而是宣導人們將自己的命運與國家、民族的命運聯繫在一起。只有這樣，才能取得真正的、偉大的成就。

第二，每個人、每個家族現在所做的一切，包括所行善惡和所遇福禍，都會構成家族記憶，流傳後世。因此，每個人都要有一種意識：現在所做的事，不僅影響自己，還會影響自己的親人；不僅影響當世，還會影響未來。

第三，很多人也想做好家族的傳承，但不知道該傳什麼，於是傳家業、傳財富、傳功名。歷史證明，這樣的做法多半會貽害自己的後世子孫。中華文化是上萬年的文化累積，在歷史中得以驗證，從中我們知道：能夠傳承和讓子孫富有的，唯有道德和由此決定的靈魂力量。當然，除了「陽善」，還必須有雄厚的「陰德」。

第四，想想中華民族的繁榮昌盛，想想如今的盛世，是多少聖人先哲和偉人英雄們的陽善陰德所滋養起來的，他們的偉大，在於超越了自己的小家和家族，而擴展到了國家和民族。因此，偉人、英雄、聖人，都是與國家和民族共命運的，是不能用小家的思維去評價他們的；否則，只能證明評價者自己的小氣。

第15講　改變命運的核心法門

命運是人生中繞不開的一個重要話題。談到命運時，人們大多會覺得神祕、難以捉摸。實際上，我們也知道，任何存在的事物都是有規律的，只要深入研究，就有可能把握其中的規律。從這個角度來說，人生的命運問題，實則是一門複雜的系統科學，我們把它叫作「命運學」。接下來，我們就繼續深入到奧祕無窮的命運之中，進一步摸索命運的科學規律。

一、每個人的命運中都有兩個數，一個是定數，一個是變數。

很多人相信定數，卻看不見變數。看不清楚定數的人，徒勞地掙扎；看不清楚變數的人，無法識別變化的規律，所以只能無奈地應付，唉聲嘆氣地感嘆，一次次錯過讓自己重生的機遇。

所謂生命中的「定數」，實際上也就是生命中的「存量」，是我們所累積的各式各樣的訊息、知識、信念與能量，這些綜合起來又會匯聚成我們自己的信念、價值觀、思維方式和性格。這些存量會進一步固化成一種模式，形成一種心理上的定式或習慣。這樣的定式或習慣有三個基本的特點：一是它屬於過去的累積，並不能包容未來；二是它有自己的慣性和惰性，人們會自動為它加固和進行辯護；三是它會相容與過去類似的東西，但會排斥那些陌生的新鮮事物。所以這個定數，一旦形成定式，就會成為阻止生命進步的障礙。

所謂生命中的「變數」，實際上是未來將會出現，並且不斷補充和升級我們的定數的新訊息。把定數變成定式的人，不能夠識別這些新訊息的價值，往往還會刪減、改編，或者乾脆拒絕這些新訊息，以便維護自己的定數和定式。這也許就是人這一生中做的最愚蠢的事情，自認為正確卻又不斷製造著自己不想要的結果，於是陷入了「想法正確─結果錯誤─別人錯誤─自己正確─自己痛苦」這樣一個很滑稽的、如同心魔般的心智陷阱。

了凡先生從十四歲到三十四歲，二十年間遇到了生命中兩個重要的人物，一個是孔先生，一個是雲谷禪師。作為一個修行者，雲谷禪師用生命體悟了人生命運祕密的修行大德，開啟了凡先生改變命運的歷程。如果說孔先生為了凡先生算出了他命運中的定數，那雲谷禪師就為了凡先生引入了改變命運的變數。

了解人生命運中的定數，我們便知道了自己過往所形成的「慣性」。若是我們能夠遇到一種改變命運方向和體系的變數，就能夠進入命運中的「創造性空間」，親手創造自己未來的命運——這是人生中多麼幸運的事呀！能夠靜心讀完《了凡四訓》的人，就會發現這個偉大的變數，把人生中最幸運的程式安裝在自己的生命中。

二、在自己命運的問題上，普通人很容易陷入以下三種困境。

第一種困境是狹隘地相信命有定數；第二種困境是被動地應對著生命中的變數；第三種困境是找不到破解的法門，即使相信善良，也沒有上升到極善之人所擁有的那種順應變化和吸收變化能量，掌握變化規律，提升自己智慧的方法。

雲谷禪師對了凡先生的開示，讓我們明白了一個道理：如果一個人的心沒有開化，沒有覺醒和覺悟，他就會向外求索自己命運的答案，此時的人生和生命，就如同在波峰浪谷之間顛簸的一艘小船，又如同隨風飄落的一片枯葉。因此，心還沒有開化的人，其命運就呈現為一種比較固定的形態，也就是定數。心已經開化的人則參透了人間極善的智慧，讓自己的命運出現了一種極其強大的、自己可以掌控的力量，於是成為自己命運的主宰。

三、將外求改為內求，猶如顛倒乾坤。

中華文化中有兩個不同的方向：一個是內求，另一個是外求。內求就是求自己，這是中華文化中所標定的正道。外求就是求外物、求別人，這就是中華文化中所說的「外道」。

許多人看到「求」這個字的時候，往往想到的都是外求。凡夫俗子大多外求，而修行者都知道只有內求才能獲得真正的智慧。在中華文化的智慧中，有一個重要的法門：能夠逆俗而思，反向行動併合於正道的，就是真正的智慧。有弟子問六祖惠能：「師父，道在哪裡呀？」六祖惠能回答道：「道在汝心，心外求法，皆是外道。」孔子也說過類似的話：「君子求諸己，小人求諸人。」

實際上，內求和外求的問題涉及人生命運的核心邏輯。「內決定著外」，「外是內的顯形」，「內外相互映襯」，這就是關於命運最精練的表述。意思是：內因，也就是我們的內在，是啟動性的、決定性的第一因，而我們看到或者感受到的命運，只是由內在的那個「命運第一因」所決定的外部表現形式。因此，想要改變命運，就要從內因下手。如何觀察和知曉我們的內在呢？有兩種方法：一是內觀或者自省，二是透過外部反推內部。這些話說起來簡單，但真正要做起來，卻需要修行的功夫。若是沒有足夠的修行功夫，那可能就要尋找外援來助力了。

四、為何內求很難？我們在做什麼？我們是如何要弄自己的？

作為一個道理，內求很簡單，但真正做起來卻很不容易，有以下七個原因。

第一，內在的我們，有一堆我們自己都說不清的念頭，這些念頭是肉眼看不見的，是難以觀察的。

第二，內在的我們，有強大的自我保護機制，也就是心理學上所說的「心理防衛機制」，認為只有自己是對的，自己說的都是合理的，與自己不一致的觀點和想法都是錯誤的。

第三，一旦遇到問題，我們就會本能地啟動外部歸因模式，認為這不是自己的錯，而是別人的錯，是客觀原因導致的錯誤，那是我們主導不了的，所以我們不用承擔責任。

第四，正因為我們認為錯的不是自己，所以往往會認為要改變的不是自己，而是他人或者外界。

第五，我們認為自己要求他人或者外界改變是合理的，只是他們達不到我們的要求，又繼續犯錯了，所以才導致我們正確的想法無法落實。

第六，有時我們也會想到自己的錯誤，但不敢承認，似乎一旦承認自己有錯誤就是恥辱的，所以要遮掩。實際上，遮掩錯誤只是掩耳盜鈴，會讓錯誤繼續存在，被眾人看穿後就會出醜。說得簡單點，掩蓋自己的錯誤是「無恥」，是真正缺乏羞恥心的表現。

第七，做成任何事情都需要有意志，如果任憑低級的錯誤慣性般地持續，沒有毅力走上新生的道路，就是在為自己的人生設置障礙。

能看出來了吧？我們的大腦很會運作，讓自己一直處在正確的位置上。可是，外部的人、外部的環境，又不是我們可以完全操控的。既不想改變自己，又無法完全改變他人和外界，於是人生就遭遇了各式各樣的苦悶，乃至災難。讀《了凡四訓》，會讓我們一點點解開自己命運背後的祕密。

第16講 「新命」是如何啟動的？

每個人都想讓自己的命運變得更好。從道理上來說，每個當下都是我們改變命運的契機；但從現實層面來說，絕大部分人的當下，只不過就是過去的延伸，是對過去的複製。由此可見，我們改變命運的願望和當下的實際行動之間，似乎隔著一條鴻溝。我們能找到跨越這條鴻溝的橋梁嗎？

【原文】

「汝今既知非①，將向來②不發科第，及不生子之相，盡情改刷。務要積德，務要包荒③，務要和愛，務要惜精神。從前種種，譬如昨日死；從後種種，譬如今日生：此義理再生之身也。」

【注釋】

①非：過錯。

②向來：過去。

③包荒：包容。

【白話】

「你現在既然知道了自己的錯誤，就要把以往導致你科舉不成功、不生子的毛病徹底改掉。一定要積陰德，一定要包容別人，一定要和氣慈愛，一定要愛惜精神。以前的各種思想與行為，就像已經於昨天消失了；從今以後的種種言行，就像今天剛剛重生：你就等於獲得了嶄新的仁義道德之身。」

雲谷禪師在這裡針對了凡先生的個人問題，開出了一個所有人都能用的藥方。這個藥方可以概括為「四個務必」，就是：**務必要積德，務必要包容，務必要和氣慈愛，務必要惜精神**。這「四個務必」對我們的現實生活有哪些指導意義呢？

一是要積陰德。所謂積陰德，就是去除自己的功利心，與人交往時常懷利他之心，做事低調不張揚，做了好事不自以為有功，即使幫助了別人也不自認為有恩於別人。

二是要懂包容。人人都不完美，我們的毛病不僅會帶給自己傷害，也會帶給別人麻煩。怎麼辦呢？我們要截長補短，一起學習，共同成長與進步。

三是要善待他人。真正心地善良的人，看到別人的優點時，會真心地欣賞、讚美他們，並向他們學習；看到別人的不足時，會提醒他們改正，並反省自己是否也有同樣的不足，而不是幸災樂禍。在日常生活中，我們一定要待人和氣，真誠友善，有話好好說，遇事多商量，有虧不讓別人吃，有利先讓別人得，遇到問題先反省自己。

四是要愛自己。一個不懂得愛自己的人，往往也沒有愛別人的情懷和能力。因此，學會愛自己也是獲得愛別人的能力的一種演練。反過來看，不愛別人的人，往往也是不愛自己的，即使他很想愛自己，也沒有愛自己的能力和智慧。

在此處，雲谷禪師為了凡先生找到了一個「一念重生」的法門。這說明了兩個重要問題：一是人們應該將重點放在此生每個時刻的重生上；二是真正的重生是重塑自己的內心，把骯髒的念頭和扭曲的思維，升級為光明的道德和智慧的邏輯，跟自己的過去告別，開啟新的人生。一旦開啟新的人生，重新審視過去的自己時，就會有一種恍如隔世的感覺，再去看那些沒有改變的人，也猶如在看前世的自己。

很多人忙忙碌碌，不得不花費大把時間和精力來處理各種繁雜事務，獲取人脈和資源，為自己謀取更多金錢和功名，他們對此其實也很無奈。想要破解這樣的人生困局，就要喚醒內在的真我，使之變得越來越強大；只有這樣，才能提升自己生命的維度與空間，避開世俗的低級交易與惡鬥的模式，從根本上改變自己的命運。

了凡先生聽從雲谷禪師的教化，將關注點放到了自己的內在，改變了自己的種種言行，重塑了自己的道德人格，最終打破了過往命運的困局，找到了改變命運的正確方向，並獲得了強大的能量，開闢了自己美好的人生。

在現實生活中，我也看到了許多朋友的蛻變：原本大大咧咧的人，能夠溫柔地關心他人了；原本性格強勢的霸道總裁，遇到事情時能夠與人商量了；過去張嘴就會指責下屬的老闆，懂得了體諒別人的辛苦，悄悄送人溫暖；過去憑藉自己的經驗進行管理的領導者，逐步轉向了科學化和規範化的管理……至於我自己，接觸到了老祖宗的智慧，我才得以用祖宗的聖賢智慧一點點地替換自己那自以為是的認知和行為；能力提升了，智慧提高了，整個人的狀態也好了很多。

總之，聽從聖賢的指引，學習聖賢的智慧，感悟美好人生，是當今很多積極上進的人已經在走的路！

第17講 「自作孽」與「天作孽」的區別

世間的人，都想做好人，行好事，擁有好的命運。可是有部分人不明白人生命運的科學原理，缺乏經營人生的智慧，因此被狹隘、自私的欲望帶偏，最終做出一些與自己的美好願望相背離的行動。小的過失或者無意之過在所難免，能夠及時覺察和改正也是善莫大焉。最可怕的是，已經知道是錯的，卻抱著僥倖心理一直錯下去，小錯變成大錯，直至萬劫不復，這就是「自作孽，不可活」了！

【原文】

「夫血肉之身，尚①然有數；義理之身，豈不能格②天？《太甲》曰：『天作孽③，猶可違；自作孽，不可活。』《詩》云：『永言配命，自求多福。』」

【注釋】

①尚：還是。

②格：感通，感動。

③孽：災難。

【白話】

「血肉之軀，還是有注定的命運的；而道德義理之身，難道不能感動上天嗎？《尚書．太甲》說：『上天造成的災難，還可以躲避；自己製造的災難，就無法逃脫了。』《詩經》說：『要永遠遵循天命，自己謀取更多的福分。』」

這段話中的句子常常被後人引用，但能夠理解透徹的人卻比較少。我們先來看《尚書．太甲》中的「天作孽，猶可違；自作孽，不可活」這句話。「天作孽，猶可違」，這裡所說的「孽」是人類主觀上的一種叫法，意為災難，指天地變化中那些被人類視為不符合自己利益的一些自然現象。如果人明白了自然現象的規律，能夠領悟天地自然之道，學會運用規律的力量，就可以避免很多傷害。縱觀人類歷史，我們就會發現，人類一直在被動或主動地了解客觀規律：人類能夠認識和掌握的規律，可以用來造福於人；人類還不明白、不能掌握的規律，往往就會讓人類受到傷害。

「自作孽，不可活」，說的是有些人不了解規律，或者無視規律而自以為是，一意孤行，這就是老百姓常說的「作死」。這樣的人，怎麼可能活得好呢？

再看《詩經》中的「永言配命，自求多福」這八個字，這可謂是經典中的經典。天地自然，自有它的客觀規律，「永言配命」就是告誡人們，要讓自己的主觀意識與客觀規律相合，不可違拗。「自求多福」其實是在告誡人們，不要以為只要一心為自己求福，福就多了。這裡的「求」說的是內求而不是外求，要遵循「內決定外」的原理，優先內求，並務必保持外求與內求方向的一致性。

說起來，無論是「天作孽」、「自作孽」的話題，還是「自求多福」的告誡，強調的都是內因，突出的是內求。在內求與外求這個問題上，很容易出現兩個極端：一個是絕對的內求，另一個是絕對的外求。絕對的內求，往往會忽視外在結果給予的回饋訊息，最後形成自我封閉的狀態；絕對的外求，往往又會忽視自己內在的建設和提升，為了獲取外物而投入巨大成本，甚至把自己的生命也搭進去了。

因此，在處理內求和外求的關係時，必須明白以下四個基本的原則。

第一個原則：在時間順序上，內求在先，外求在後。

第二個原則：在決定性上，由內求的內涵來決定外求的內容。

第三個原則：堅持內求時，務必隨時關注外在結果給予自己內求模式的啟迪、補充和修正，從而形成一個以內求為中心、開放的模式，讓內求的內涵不斷地升級。

第四個原則：在外求時，務必保持外求的方向和性質與內求的一致性，也就是說，內求中的上善，要變成外求中的利他，而不能變成外求中的自私自利或者唯利是圖，避免導致內外的衝突。

明白了上述四個原則，我們也就知道了，雲谷禪師所說的這個「求」字，換成「修」也許會更容易理解，「自求多福」其實就是「自修多福」，因為唯有自修，才能堅持以內求為核心，形成內求與外求一致，做到福來不驚，禍來不慌，跳出孤立內求、妄為外求而造成的內外分裂和由此帶來的折磨。

【原文】

「孔先生算汝不登科第，不生子者，此天作之孽也，猶可得而違也；汝今擴充德性①，力行善事，多積陰德，此自己所作之福也，安得②而不受享乎？」

【注釋】

①擴充德性：提升自己的品德。

②安得：怎麼。

【白話】

「孔先生算出你不能考取功名、不會有兒子，這是天降給你的災害，尚且可以逃避；你現在提升自己的品德，力行善事，多積陰德，這是你自己所作的福，怎麼會不受享呢？」

雲谷禪師在這裡闡明了「數雖前定，命可轉移」的道理。至此，雲谷禪師又將對了凡先生的開示，回落到了凡先生自己的生活中。

關於「天作之孽」與「自作之福」，以下三點看法十分重要。

第一點看法：所謂天降災禍給人，大多是人的主觀價值判斷，是人不悟天道、違背規律而產生的結果，也是天給人的啟迪和教化。

第二點看法：人類會為自己違背自然規律而做出的行為付出沉重代價，也會從災禍中獲得關於自然規律的新知識，人類文明就是這樣不斷地累積與進步的。

第三點看法：人類在為自己造福的過程中，一定要認識並尊重人性規律，若是違背了人性規律，恐怕就會事倍功半，很難獲得幸福。比如，有的人在與人交往時，雖然出發點是好的，卻忽略了對方的特質，使用了不恰當的方法，又沒有把握好時機和分寸，從而傷害了對方；當對方給予負面回饋時，他還很驚訝，覺得自己被冤枉了；如果再過火一點，還會指責別人忘恩負義。想想看，以這樣的狀態和趨勢發展下去，他能獲得自己的幸福嗎？

第18講　真的能做到趨吉避凶嗎？

每個人都希望自己能避開所有的壞事，遇到的都是好事。可是在現實生活中，**沒有人總能遇到好事，也沒有人總能避開壞事**。正因為如此，人們常常會這樣安慰自己：若是遇到一些小的挫折，人們會說「就當給自己消災了」；若是遇到大的災禍，人們又會說「大難不死，必有後福」。接下來，我們一起來看看雲谷禪師告訴了凡先生的人生命運道理，看看能否解開關於吉凶禍福的祕密。

【原文】

「《易》[①]為君子謀，趨[②]吉避凶；若言天命有常，吉何可趨，凶何可避？開章第一義，便說：『積善之家，必有餘慶。』汝信得及否？」余信其言，拜而受教。

【注釋】

①《易》：指《周易》。

②趨：走向，追求。

【白話】

「《周易》為君子出謀劃策，幫助他們趨吉避凶；如果說命運是不能改變的，又怎麼能趨吉而避凶呢？它第一章就說：『積善之家，必有餘慶。』這些話你相信嗎？」我對雲谷禪師的話深信不疑，就恭敬地向他下拜，接受教誨。

說到這裡，必須做一些澄清。

第一，《周易》是中華文化的精粹，蘊含著大智慧，是不能用一般的生活經驗去解讀的，否則可能就會曲解它的本意。

第二，「君子」指的不是那些自以為是、總以為自己正確的人，而是能夠不斷地發現、改正自己的錯誤，並能參悟天地自然和人心規律的人。

第三，趨吉避凶只是個一般性的原則。如果俗解了這個原則，就會走向一個錯誤的方向；想想看，好事歸自己，壞事給別人，誰能做得到？這種想法還能算是真正的智慧嗎？

第四，雖然人有趨吉避凶之願，但人不可能只遇到「吉」，而能避開所有的「凶」。人一時還無法領悟天地人間所有的大道規律，況且人自己的狀態也不穩定，在不同狀態下所做的事情可能完全不同：懂得了規律、順應了規律，就會為自己帶來吉祥；不懂規律、違背規律、主觀蠻幹，就會為自己帶來凶事。

第五，不能膚淺地理解趨吉避凶，否則就很可能失去領悟大道的機會，只想去追逐世俗意義上的吉事，規避世俗意義上的凶事，這樣的狀態已經與智慧差之千里了。實際上，世俗意義上的吉事只是膚淺的利益，追逐這種利益不僅對自己沒有太大好處，反而會貽害自己。相反，世俗意義上的凶事，也可能具有戰略性的價值。例如，各種困難和挫折中往往蘊含著將人向上托舉的力量，只是很少有人能夠洞察這種玄機。

第六，人間萬事皆是悟道的機緣，我們不能停留在世俗欲望、主觀感受的層面，要學會把握和運用客觀規律，提升自己的智慧。越是那些我們不熟悉的、認為沒用的甚至有害的事物，就越可能蘊含著我們的智慧庫中所缺乏的內容。一定不要膚淺地認為，現在對自己好的就是吉事，否則就是凶事。

第七，我們要去學習和遵循的客觀規律，不僅包括自然界的客觀規律，還包括人心的規律。要讓自己的心守在正道上，明白個人私利不僅是物質上的，還包括精神上的，不僅是自己獲得的，還包括付出的。若是不懂得這些，就會讓自己的心智與道德處在比較低的水準，很容易與別人和社會發生衝突，不僅難以趨吉避凶，而且可能會招災引禍。

《周易》中有一句很重要的話：「積善之家，必有餘慶；積不善之家，必有餘殃。」既然有「餘慶」和「餘殃」，是不是還應該有「本慶」和「本殃」啊？如果有，「本」和「餘」的區別是什麼呢？「本」說的是積善之人和積善之家，或者積惡之人和積惡之家，此生所積之善惡所形成的能量，大部分要自己和家人來享受或者承受。「餘」說的是自己享受不完或者承受不了的部分，還會進一步波及或者影響到自己的後代。

明白了「本」和「餘」的區別，我們就知道了，影響命運的因素除了行善與作惡所引發的福禍，還包括三個部分。第一部分是前輩先祖所行善惡、所積福禍餘存並流傳波及下來的部分，包括遺傳、家風、家教等；第二部分是我們自己在不同生命階段中因為痴迷或者覺悟而行的善惡與所積下的福禍；第三部分就是前面所說的「餘」，既然前輩祖先所行善惡、所積福禍能夠波及我們，同樣，我們所行善惡、所積福禍也會波及我們的後代。

雲谷禪師為了凡先生所作的開示，集中在三個要點上。

一是修因。人心是內因，也是本因，是一切外在收穫的種子。正所謂「種瓜得瓜，種豆得豆」，一個內心自私、狹隘、充滿負能量的人，會傷害別人，會製造對立，甚至會製造敵人，令自己發展受限。相反，一個心胸寬廣、大愛利他並且內心充滿陽光和正能量的人，就能消解對立，化敵為友，與別人合作共贏，共同發展。

二是功夫。只有功夫到了，才會有善果出現。願望並不等於結果，在擁有美好願望的同時，必須擁有智慧的方法，才能夠把事情辦好。那些好心辦壞事的人，不是好心不純粹，就是缺乏智慧的方法。

三是算帳。現實中的人們總是急於得到回報，得不到回報就會質疑善行的正確性。實際上，在這種狀態下的善行已經不純粹了。如同種莊稼，如果莊稼需要三個月才能收穫，非求兩個月就收穫，當然不會有結果。有一筆隱形的帳，必須算清楚：「人為善，福雖未至，禍已遠離；人為惡，禍雖未至，福已遠離。」人在為善時，如果只關注福的價值，卻忽視了禍已遠離的重大價值，當然這筆帳就算錯了；人在為惡時，似乎也不是馬上就會遭到報應，但禍會一點點累積在他的生命中，並且幸福已經遠離。

懂得了關於吉凶禍福的道理，我們也就知曉以下兩個人生常見問題的答案了。

第一個問題：為何好事連連往往跟著大禍？那是因為自己內功不夠，好事多了，就會揚揚得意，就會變得傲慢，就會肆意張狂，這就是啟動了「自作孽」的程式，自然會有災禍。

第二個問題：小挫折能為自己消災嗎？這要看是否懂得反省自己：小挫折就是小提醒。若是不覺悟，就會遇到大挫折；若是透過小挫折反省自己，就能夠避免更大的災禍。

第19講　如何改變命運成功率最高？

世界上有這樣一種人，他們每天頭腦中都會產生很多自認為有道理的想法，也喜歡講出自己的道理，希望別人能夠接受。這樣就能產生正確的結果嗎？基本上不會。如果每個人都只講自己的道理，人與人之間多半就會發生爭吵，不僅不會形成合力，還會耗費自己的力量。更何況，很多想法貌似有道理，實際上是異想天開，並沒有經過嚴謹的論證，怎麼可能產生好的結果呢？

接下來我們就一起來看看，了凡先生講出了什麼樣的道理，又是如何運用它改變自己的命運。

【原文】

因將往日之罪，佛前盡情發露①，為疏一通，先求登科②，誓行善事三千條，以報天地祖宗之德。

【注釋】

①發露：坦白。

②登科：考中科舉。

【白話】

因此，我在佛前懺悔，把自己以前所犯下的罪過毫不隱瞞地全都說出來，並且寫了一篇祈禱文，先祈求考上舉人，並且發誓要做三千件善事，以報答天地祖宗的恩德。

孔先生測算了凡先生這一生考不中科舉，也沒有兒子傳宗接代，並且只能活到五十三歲。所以了凡先生接受了雲谷禪師的指導之後，似乎相信了一些真理。他改變命運的第一個目標，就是考上舉人，並願意為此做三千件善事，這背後藏著一個改變命運的重要邏輯，我們從以下四步展開說明。

第一步：真心接受教育，恭敬下拜，深信不疑。從這時起，了凡先生人生的方向就轉變了。

第二步：誠心懺悔，絕不隱瞞自己過去所犯下的過失與罪惡。這種面對自己內心深處的陰暗的勇氣，讓了凡先生的生命狀態發生了巨大的變化，甚至整個生命的能量場也已經不同往昔。

第三步：有了前面兩步作為基礎，再用已經提升了的生命狀態去參加科舉考試，成功的可能性自然就會增加。在很多時候，尤其是面對考試，人們的狀態往往影響著能力的發揮，如果沒有良好的狀態，即使有能力也很有可能發揮不出來——當然，如果沒有能力，即便有良好的狀態，恐怕也很難取得好成績。

第四步：用發誓要做三千件善事的形式來表達自己的決心，而不是簡單地說出自己的願望，這會給人一種巨大的力量。

了凡先生的作為真是讓人感慨；相較之下，人們的種種愚昧行為實在讓人痛心。

第一種愚昧：只相信自己。現實中有太多人不聽聖賢教誨，只認自己的道理，冥頑不化，並且表現出很自信的樣子，實際上卻很自負，誇大了自己的能力，遮掩了自己的缺點。這樣的人，內心往往是很自卑的，覺得自己沒有什麼可以炫耀的本錢，也沒有了悟做人做事的根本大道，但又不想活得很卑微，於是就裝出一副天不怕地不怕的樣子，以為這就是強大。這樣的人，往往又是欺軟怕硬，在強者面前表現得很卑微，在弱者面前又表現得很霸道，以此來獲得一種病態的心理平衡。

了凡先生若是這樣的人，恐怕不管有多少貴人和高人，都沒有辦法把他從人生的迷霧中引領出來。但了凡先生真心地相信了雲谷禪師的教誨。我們都聽說過「孺子可教」，現在看來，這正是對一個人美好品性的肯定。想想看，一個人如果處在「不可教」的狀態，不就跟一塊頑石沒什麼兩樣了嗎？

第二種愚昧：口是心非。有一些人，當別人對他進行規勸和引導時，會在表面上、口頭上表示認同，實際上他們還是固守著自己的思想。通常，這樣的人把小我守得很緊，無法打開自己的心扉，也就無法接收高於他的能量。

如果了凡先生是這樣的人，恐怕就無法改變自己的命運，也就不會有《了凡四訓》傳世了。

第三愚昧：絕不實踐。有的人雖然相信別人的教誨，但就是不落實行動，更不會舉一反三，也不會借機總結和提升。於是，人和事都還是原來的樣子。也有的人明白了道理就想著去實踐，但行動措施不具體，不具有可操作性或者急於求成，違背了事物發展的規律，最終不僅把自己搞得很疲憊，也把周圍搞得雞飛狗跳，成事不足，敗事有餘。老子在《道德經》中說「上士聞道，勤而行之」，王陽明先生說「知行合一」，明白了道理卻不去實踐，就不能算是真明白。做人做事還需要掌握兩個「方」，一個是方向，另一個是方法。雖然方向對了，但方法錯了，即使努力也不會有預期的好結果。

了凡先生聽了雲谷禪師的教誨，頓時大悟並發了大誓，這是相當勇敢的壯舉。

第四種愚昧：極其功利。有的人聽到教誨或者指引，興奮得像是發現了滿足自己功利心的祕訣。他們一邊做著善事，一邊想著自己會得到什麼。因為分心，所以善事做得不徹底，也就不會得到自己特別想得到的東西。

了凡先生聽了雲谷禪師的教誨，雖然也在求取自己的功名，但是他十分勇敢地將自己從前犯下的罪過全部坦白，並且立誓要做三千件善事。這就跟那些一邊做善事，一邊想功名的人有了本質的區別。這也是了凡先生能夠做善事而得功名的根本原因所在。

各位朋友，對比現實中一些人的做法和了凡先生的做法，你能否領悟到命運的奧義？

第20講 功過是一面鏡子

在現實生活中，我們難免會遇到爭功諉過之人，他們總是往自己身上攬功勞，而把過失推諉給別人。相信大多數人都不喜歡跟這樣的人打交道吧？你有勇氣和智慧把功勞推給別人，把過失攬到自己身上嗎？

如何算好功過這筆帳，是一門攸關人生命運的大學問。接下來，我與大家分享中華文化中一種練功的方法——使用功過格。了凡先生能夠成功改變命運，與雲谷禪師傳授給他的功過格有非常重要的關係。

【原文】

雲谷出功過格①示余，令所行之事，逐日登記；善則記數，惡則退除；且教持

《準提咒》②，以期必驗。

【注釋】

①功過格：記錄功過的表格。

②《準提咒》：佛教的一種咒語，佛門中人認為，念誦這一咒語可以消除罪孽，除災獲福。

【白話】

（見我發誓要做三千件善事）雲谷禪師就拿出一本功過格給我看，讓我以後每天把自己做的事登記在功過格：如果做了善事，就增加一個數字；如果做了惡事，就減去一個數字。雲谷禪師還教我念誦《準提咒》，以保證善惡報應能夠應驗。

功過格是古人修行用的、極其重要的道具，就是逐日登記自己行為的善惡以自勉自省的表格。上面有按善行大小記功和按惡行大小記過的標準，分為百功過、五十功過、三十功過、二十功過、十功過、五功過、三功過、一功過；功就記為正分，過就記為負分。奉行者每夜自省，將每天行為對照標準，替各善行和惡行打分，只記分數，不記其事，分別登入功格或過格，月底總結一次，功過相抵，每月一篇。結餘的分數（功或過），轉入下月或下年，以期勤修不已。後來，蓮池大師將當時流行的功過格「稍微刪定，更增其未備」，易其名曰《自知錄》。

只要修行，就離不開自省和反思，即審視自己的內心和言行，然後為自己算算帳。在現實生活中，很多人所謂的自省和反思只是簡單地想了想，再認真一點的，或許會寫個小總結，多半都是不太認真的，當然更談不上專業了。

從古至今，大多數修行的人都會遇到三個瓶頸：一是只一味讀經，但沒有實踐的方法；二是時斷時續，不能夠持續地修行；三是基本上只能依靠自己，遇到問題或者出現了偏差時，找不到合適的人來幫助自己解決問題或者糾正偏差。

眾所周知，不能實際行動和得到效果的修行，是很難增長智慧的。當然，獨自來完成持續的自我升級，對大部分人來說也是很困難的。所以，修行的人，有一個很重要的借力方法，就是拜師父，並且要經常跟著師父去修行，接受師父的指導。

否則，就很容易走偏、停滯。

功過格就是一個方便修行者連續修行的工具。修行者借助這樣一個工具，把自己的功與過都記錄下來，經過打分、算帳，就能夠很直觀地觀察到自己每天正確與錯誤的行為、收益與損失。如此這般，就形成了生命中善功與惡行兩種力量的消長趨勢——善功越來越多，惡行不斷減少，能量如此轉換，命運不就改變了嗎？

功過格是修行者為自己算帳的一種方法，也是記錄自己功過增減變化的一本帳簿。一個人如果把功過格用好了，就不會再做出類似於爭功諉過、表自己的功責別人的過、居功自傲這樣的低級行為，而是會讓功攬過、感別人的恩改自己的過、有功謙卑，於是人生中的能量場就會發生重大變化，美好的命運就會由此而生。

無數事實證明：一個人爭功諉過，就是其內心那種隱祕的、深刻的自私與骯髒的表現，也是靈魂脆弱的表現；一個人能夠做到讓功攬過，則是精神力強大、心靈光明最重要的指標之一。

第21講　符籙背後的心法祕傳

符籙是道教方術之一，它其實是符與籙的合稱：符被稱為天神的文字，筆劃有點像小篆；籙則是用以記錄天官功曹的祕文。道教認為，符籙能治病、鎮邪、驅鬼、招神。東漢張道陵、張角等均以符籙為道術，為人治病、驅鬼。

《了凡四訓》記述了雲谷禪師與了凡先生談及畫符的道理。

【原文】

語余曰：「符籙家①有云：『不會書符②，被鬼神笑。』此有祕傳，只是不動念也。執筆書符，先把萬緣③放下，一塵不起。從此念頭不動處，下一點，謂之混沌開基。由此而一筆揮成，更無思慮，此符便靈。」

【注釋】

①符籙家：專門以書符書籙行事的人。

②書符：畫符。

③萬緣：各種事情、牽連。

【白話】

雲谷禪師對我說：「符籙家有一句話：『不會畫符，會被鬼神笑話。』畫符是祕密傳授的，關鍵就是畫符時不動念。提起筆來畫符時，一定要先把心裡所有的事都放下，全神貫注地去畫。在這個無念的時刻畫下第一筆，這就叫作混沌開基。由此而一筆畫成，在畫的過程中也不動念，這道符就靈驗。」

雲谷禪師這段話，說明了一個重要的道理：人想要改變自己的命運，首先要改變自己的心，去除浮躁，讓心的狀態與天地萬物的規律相合。符籙只是一種道具，關鍵是要有「五心」：靜心、淨心、精心、專心、善心。心靈安靜了能助長智慧，心底乾淨了能促發靈性和靈感，精神內守能生定力，能夠專注則是創造一切奇蹟的基本條件，保持住善心就能不生是非，從而贏得人生的平安。說到底，雲谷禪師是在借畫符一事向了凡先生傳授整理自己內心的方法，這也是一項修心的功夫，是讓自己的主觀合於規律的能力。如果不肯整理自己的內心，而去妄求天意利己，那就是妄念和迷信了。

雲谷禪師在介紹畫符靈驗的祕訣時說，「只是不動念也」。不動念就是心念要至誠、專一，沒有其他雜亂的念頭，這是修身立業的重要功夫。太陽光通過凸透鏡聚焦，可以把紙點燃；我們訓練自己的心意透過至誠、專一來聚焦，它就具有感應通達的力量。所以說：「制心一處，無事不辦。」雲谷禪師說的實際上是中華文化中相當重要的核心智慧：至誠通天。一個遊走於紅塵卻能保持心的至誠和乾淨的人，才能主導自己的命運。

專注的本質，就是讓自己的精神和思想與眼前的對象合為一體，物我一體，他我一體，於是，眼前對象的規律就會刻印在我們的心中，我們觀察它們就如同觀察一幅圖畫。反之，即使一個人再聰明，若是做不到專注，總是三心二意，他的實際水準一定是平庸的，他的命運也不會太好。

我們總能看到這樣的現象：一些待人真心實意、不動歪心思算計的人，經常會吃一些小虧，但總體命運基本上不會太差；一些在智力上算不上天才的人，卻因為其能夠專心致志，往往能做出勝過天才的成果。專心的人，將自己心靈的能量專注於一處，讓自己心與腦的能量，自己的目光、言語與行動，形成一條強大的智慧鏈條，似乎他的大腦神經細胞形成了美妙的線性連結或者網狀連結，於是他的人生中就會發生很多看起來很神奇的事情。

如果你能夠專注地把一件事情做深做透，把一件簡單的事做出連續升級的多個版本，就能體會神奇誕生的過程。實際上，這正是「格物致知」，去掉私心雜念和妄念我執，將心與物合一，把一件事做精、做透，就能夠發現萬事萬物背後共同的規律，如同拿到一把萬能鑰匙一樣。

第22講　「不貳」的定力

中華文化經典《六祖壇經》中，有一個「風動幡動」的故事。六祖惠能來到一座寺廟，見幾個出家人在對著風中飄動的經幡爭論，有人說是風動，有人說是幡動。六祖惠能走到那幾個出家人近前，說了一句：「不是風動，不是幡動，仁者心動。」他們不是在討論純粹的自然現象，而是在探討人心與外部環境之間的關係。

人類的一切活動都是為獲得幸福生活和美好命運而服務的，如果我們的心被外部環境主宰了，那目的與手段就本末倒置了，我們就會離幸福生活和美好命運越來越遠。古人云：「心隨境轉是凡夫，境隨心轉是聖賢。」意思是說，心態隨著環境的變化而變化，喜怒哀樂受著環境的控制，自己失去了主導權，這樣的人就是一般的凡夫俗子了；而心態的變化可以把逆境轉成順境，把所謂壞事變好事，這樣的人就是聖賢。

為何很多人失去了對生活的主導權呢？因為他們看世界、看萬物的方法出了問題。雲谷禪師向了凡先生講解的「不貳」的法門，正是解決這個問題的良方。

【原文】

「凡祈天立命①，都要從無思無慮處感格②。孟子論立命之學，而曰：『夭壽不貳。』③夫夭壽，至貳者也。當其不動念時，孰為夭，孰為壽？細分之，豐歉不貳，然後可立貧富之命；窮通不貳，然後可立貴賤之命；夭壽不貳，然後可立生死之命。人生世間，惟死生為重，曰夭壽，則一切順逆皆該之矣。」

【注釋】

①立命：此處指改善自己的命運。

②感格：感應。

③夭壽不貳：不要在短命和長壽上起分別心。

【白話】

「凡是想透過祈求上天來改善自己命運的人，都要用專注而沒有雜念的心態去感應上天。孟子在論述改善自己命運的原理時曾說：『夭壽不貳。』短命與長壽，是很容易讓人產生分別心的事情。當一個人無思無慮，不產生任何念頭時，什麼是短命，什麼是長壽呢？若是仔細分析，只有不在豐收和歉收上起分別心，才可以改善自己的貧富之命；只有不在困窘和順利上起分別心，才可以改善自己的貴賤之命；只有不在短命和長壽上起分別心，才可以改善自己的生死之命。人活在這個世界上，生死是最重大的問題，所以雖然孟子只說了短命與長壽問題，但他其實把一切順逆的境遇都包括進去了。」

孟子的立命之學的真諦是：不要在夭或壽、歉或豐、窮或通上起分別心。順境不起貪愛，逆境不起瞋恚，而是要在「修身以俟」上下真功夫，這樣就能轉夭為壽、轉歉為豐、轉窮為通、轉逆為順。

一個人若能對生死處之泰然，則無論處於何種境界，都無不泰然。在這樣的基礎上來立命，自然是水到渠成。文天祥在《正氣歌》中寫道：「嗟哉沮洳場，為我安樂國。」這就是達到了順逆不貳、生死泰然的境界。

對於有志氣的人來說，逆境是成就他的學校，是磨煉玉成之地。《孟子．告子下》中寫道：「故天將降大任於斯人也，必先苦其心志，勞其筋骨，餓其體膚，空乏其身，行拂亂其所為，所以動心忍性，曾益其所不能……然後知生於憂患而死於安樂也。」意思是說，上天要把重任交付給這個人時，一定先要使他的內心痛苦，使他的筋骨勞累，使他的軀體飢餓，使他的生活窮困，擾亂他的行動，使他處處遭遇挫折，這是為了磨礪他的心思，使他的性情堅韌，增益他還做不到的……然後我們就知道，憂患使我們振奮、發展，而安樂使我們墮落、消亡。也就是說，一切磨難，都對應著人那還沒有打開的生命之竅，是幫人開竅的。人若是不開竅，就缺乏一定的智慧。人開的竅多了，就代表著人的智慧達到了相當的高度。

雲谷禪師非常強調「不動念」這一功夫，只要不動念，則順逆不貳，然後可立貧富、貴賤、生死之命。這說明在改變命運的過程中，不動念是非常重要的。在最初階段至少要做到在順境中不得意、不貪戀，在逆境中不灰心、不瞋恚。這樣一來，問題就更加明確了：只要心中有私、有躁、有偏見和成見，就會擾亂生命與人生的和諧。那些我們帶著情緒和偏見說出口、自己覺得很聰明、不說出來就有點難受的話，實際上恰恰是很愚蠢的。**剔除心思亂動的毛病，我們才能不讓自己徒增煩惱，降低對自己生命的損耗，使自己的命運變得更好。**

宋代文學家蘇洵的《權書・心術》中有一句流傳甚廣的話：「為將之道，當先治心。泰山崩於前而色不變，麋鹿興於左而目不瞬，然後可以制利害，可以待敵。」在現代社會中，有很多人都太浮躁了，心亂得沒有頭緒，難以安定下來，很容易被外部環境影響。這樣的心態會影響人的正常心智，有人把這種問題稱為「現代病」。反觀歷史，審視現實，我們不難發現，能夠有大成就、生活幸福平安的人，都是能夠定心的人。

在生活中，人們習慣了平面思維，不少人使用的是二元對立的思維，比如順逆、好壞、是非、成敗、對錯、高低、天人、貴賤、貧富、夭壽等，在這種兩極的變換中，人心和狀態隨之起伏，讓很多人受盡了折磨。儘管如此，很多人還認為自己是非分明，觀點鮮明，比其他人更聰明。雲谷禪師指出，這是人的分別心在作怪，他給出的藥方是「不貳」，也就是合一的意思。只有「順不喜，逆不哀；貧不賤，富不狂；成不驕，敗不餒」，才能讓自己的心不隨外事外物的變化而起伏，方能做自己心靈的主宰，而不做被外事外物牽動的木偶。在這樣的狀態下，人才能領悟萬事萬物變化的規律，才能跟隨規律和運用規律，進而改變命運。

一旦「貳」了，也就傻了，也就沒有定力了，人生和命運就會如風中飄浮的枯葉，再也沒有自主和主導的能力。若是進入了這種狀態，還談什麼命運呢？失敗者看對立，成功者看合一；愚昧者讓對立變成矛盾，智慧者透過對立找到合一，進而聚合起巨大的能量。當你超越了「貳」與萬事萬物和解時，心中會升起一股神奇的力量，這才是生命中最為重要的事情，因為你的真我開始甦醒了。

第23講　「五心」的智慧

古人似乎特別強調「只問耕耘，不問收穫」的理念，比如明代的《增廣賢文》中就說：「但行好事，莫問前程。」很多人對這樣的理念有一些疑惑，但又隱隱約約地覺得我們的祖先悟到了一個更深的層次。這裡面到底有什麼玄機呢？

在《了凡四訓》當中，最精彩的一段就是雲谷禪師給了凡先生的開示。有一些人大力推崇《了凡四訓》，卻往往忽略了雲谷禪師與了凡先生思想與智慧境界的差別：雲谷禪師是一個出世的修行者，甚至可以說是一個悟了道的人；而了凡先生是一個紅塵中的修行者。他們的追求和目標還是有一些區別的：雲谷禪師是在用方便法門闡述究竟的境界，了凡先生是借用方便法門來追求命運的改變。

對於想改變自己命運的人來說，了凡先生的學習、領悟和實踐，無疑是一條更簡明的道路。如果想追求更高的、究極的境界，就要把目光集中在雲谷禪師所闡述的智慧思想上，而不能僅僅盯著了凡先生的簡明路線。我們要把《了凡四訓》讀活，不能讀死，這樣才能借助了凡先生的感悟，找到屬於自己的那條光明大道。

作為大修行者的雲谷禪師，自然是通達紅塵中的人情世故的，他對於了凡先生急於改變自己命運的想法，也肯定是心知肚明。只是，雲谷禪師洞若觀火，不急不躁，循序漸進，一步步引導著了凡先生前行。

【原文】

「至『修身以俟[①]之』，乃積德祈天之事。曰『修』，則身有過惡，皆當治而去之；曰『俟』，則一毫覬覦[②]，一毫將迎，皆當斬絕之矣。到此地位，直造先天之境，即此便是實學。」

【注釋】

①俟：等待。

②覬覦：非分的企求。

【白話】

「至於孟子說的『修身以俟之』，就是修養好自身的品德，以待感動上天。說到『修』，則一旦自己有了過錯、罪惡，就應當立即改正、去除；說到『俟』，就是要等待時機，切不可有絲毫非分的企求，也不可以追逐迎合，如果有這樣的心思，一定要徹底清除。如果修養達到這種境界，心中就沒有任何禍福、是非的念頭了，這便是真正的學問。」

一個人能夠讓心不為事物、情境所動，這就是修心的功夫。雲谷禪師說到此，他闡述的思想智慧總算有了比較圓滿的景象。他的智慧可以用「五心」來表達：一是一切的修行，核心是修心；二是修行的過程，關鍵是誠心；三是對修行進程，務必有耐心；四是對修行結果，必須要無心；五是遇到問題時，要保持恆心。

第一是修心。人的心是其行動的發源地，是連結萬事萬物的關鍵通路。當一個人的心不乾淨時，他接收到的訊息也會被汙染，根據這樣的訊息進行判斷和行動，就會產生錯誤的做法和結果。當一個人的心乾淨時，就如同含蜜的鮮花，會吸引蜜蜂前來，俗話所說的「栽下梧桐樹，鳳凰自然來」也是同樣的道理。

第二是誠心。如果行動中帶著私心雜念，就無法準確領悟人和客觀事物的規律，從而走錯方向。要知道，當你動心思時，大道在斜眼看你——怎麼這麼不自量力？如果你明白了這一點，就會把私心雜念收起來。

第三是耐心。客觀規律不以人的主觀意志為轉移，如果違背客觀規律去做事，自以為是或急於求成，就會把事情搞砸。耐心遵循規律去做事，才能把事情做好。

第四是無心。在做事的過程中，要去除俗心、功利心、自私心、急躁心，方能靜心體悟事情的規律。不能總想著自己想要的結果，要試著去體會他人的感受，及時調整自己的方法，跟對方的感受和正確的方向進行最完美的連結。即使有一些進步或成就，也不能自滿。要記住，人心算計出來的，絕不是最好的結果。

第五是恆心。做事的過程中難免會遇到挫折，甚至會遭遇失敗。在這樣的時刻，務必要小心，不要有負面情緒，要反躬自省，檢查自己努力的方向是否正確，變通思維，從而找到解決問題的方法。

現實告訴我們，低頭走路易撞樹，遙望前方易摔跤；聖賢則告訴我們，但行好事，莫問前程。透過雲谷禪師的話，我們能摸到一些規律，得到一些啟發。

首先，人要立大志，要拉長生命的時間線，不能只在短線上思考人生。當我們看問題、追求價值的時間線變成了整個人生歷程，一時的得失順逆就會變得不再那麼重要，我們現在的經歷，只不過是我們用來組裝命運這部機器的零件而已。

其次，要站在人生時間線和生命價值群的高度思考利益的結構，避免一味地追逐眼前的小利與偏利，而失去了組裝人生利益大局的能力與機會。

再次，立下大志之後，要將其鐫刻於心，扎扎實實地做好每一件事，將其打造成作品，用作品來證明人品，將每一件事的價值堆砌成通往未來理想的一個個臺階，不斷地修正、總結提效、改進增效，這樣才能踩著現實走向理想。

仔細想想，這樣的人生路線圖是多麼美妙！

第24講　人人都在持咒

你聽說過「持咒」嗎？是不是感覺那是出家人的事？有人覺得「持咒」很神祕，有人覺得是故弄玄虛，也有人認為是封建迷信。如果有人告訴你，其實每個人都在持咒，而我們的命運狀態就跟我們的持咒有著極大的關係，你會不會感到很震驚呢？

接下來，我們就來看看雲谷禪師是怎麼看待持咒這件事的。

【原文】

「汝未能無心①，但②能持《準提咒》，無記無數，不令間斷，持得純熟，於持中不持，於不持中持。到得念頭不動，則靈驗矣。」

【注釋】

①無心：沒有任何念頭。

②但：只要。

【白話】

「你還達不到沒有任何念頭的境界，但是可以透過修持、念誦《準提咒》來修心，念誦時不要記次數，也不要間斷，要念誦得十分純熟，在修持、念誦時就像沒有修持、念誦時一樣平常，在不修持、念誦時又像在修持、念誦時一樣認真。如此，達到無念無不念的境界時，念的咒就靈驗了。」

持得純熟，「動即萬善相隨，靜則一念不起」；到此境界，水到渠成，命自然就轉了。持咒時可以出聲念，可以在心裡念，也可以嘴唇動而不出聲。無論採用哪種方式，都要誠要敬，不間斷，不夾雜。心中無事，事中無心，這是持咒的至高境界。念咒時十分真誠專注，已經不知道自己是在念咒了。不念咒時，下意識還在念。這就是人們常說的「念而無念，不念而念」的境界。證入無念無不念境界，內有所感，外有所應。感應的原理是：誠則通，亦即「精誠所至，金石為開」。條件完備了，事情自然就成功了。

對於持咒，人們容易出現兩種極端傾向：不修行的人往往認為這是一種迷信，所以很排斥；有一些修行的人誤認為只要持咒就會靈驗，於是帶著私心去持咒，結果越念越心急。

實際上，持咒是一種修行的方法，是**借助善語的力量來遏制心中的雜念，達到專注的狀態，從而進入「於事無心，於心無事」**境界的一種方便法門。持咒是用來修心的，如果總想著何時才能靈驗，那持咒也就失去修心、安心、淨心的作用了。

佛教中的咒語，是修行的大覺悟者，也就是菩薩、佛的心音；換句話說，是修成正果的人所使用的修行方法。如果你覺得還是有點玄乎，那你相信座右銘嗎？不管什麼道理，只要我們真心地去重複吟誦，就會對我們產生重大影響。有人說「謊言重複一千遍就成了真理」，說的也是重複對人心所產生的作用，倒不是謊言真的變成了真理。若是重複有如此奇效，那真理重複一萬遍又會變成什麼呢？會變成你的靈魂，會成為主宰你命運的力量。

現實中有一種讓人們非常驚訝的現象：那些人生總是出現波折與災難的人，不知不覺中都在持咒，只是他們持的是自己的「魔咒」：釋放負能量，並不斷地重複和傳播。他們習慣使用一些具有排斥性、負面性、偏見性、自戀性的詞語或表述方式，令周圍的人感到很不舒服，甚至對他們心生厭惡。只是他們日用而不知，有耳朵卻聽不見那種負面的心音，他們走過的地方都會留下讓人不爽的氣息，因而人們總是躲避他們。想想看，到了這種狀態，他們的命運會好嗎？

若是想知道一個人在持什麼咒，我們可以使用這樣一種很簡單的方法：用半小時的時間來陪他聊聊天，不限主題，不去表態，要多傾聽，多呼應，而且可以用各種表情、動作讓對方表達得很痛快。這樣，一個人內心的咒語就可以被提煉出來，而他喜歡的話題、重複頻率最高的那些字詞或者口頭禪、他習慣性的表達方式、背後的思維方式、語言中所使用的邏輯等，就是他內心的咒語。當你把為他提煉的咒語交給他看時，他可能會很驚訝，甚至不少人會否認。但若讓他聽一遍錄音，連他自己都會覺得很震驚。

人們總期望心想事成，卻不知道怎樣才能心想事成。若是懂得了持咒的道理，估計會增加實現的可能性吧。當然，事情可沒有這麼簡單，過去總聽老人提醒年輕人：「不好的事別嘮叨，嘮叨嘮叨就來了。」於是，能夠管住嘴，學會傾聽，就成了一種修養。老人們還會說：「沒成的好事別到處說，會嚇跑它的。」甚至有人會提醒你：「對你的命運具有重大影響的事，即使是神仙來了，你也不能告訴他。」這也許是經驗之談，但背後卻不無玄機呀！似乎好事與壞事都是悄悄走來的，只是一招呼它們，好的跑了，壞的卻來了。你能參透這個過程中發生了什麼嗎？實際上，道理不複雜，只要一個人喜歡亂說話，他就已經處在失控狀態，會有什麼好結果嗎？

修行中，人心中的雜念是最難去除的。為此，修行的師父們想了很多辦法來排除私心雜念的干擾，比如持咒，比如連續數數。正如「煩惱即菩提」這句佛語所言，我們沒有覺悟、沒有想通、沒有想明白的事情，就會變成私心雜念，而它們就是我們智慧不夠時所欠下的心債。當然，**我們已經想明白了的事情，就不會再以念頭的方式來找我們，也不會再糾纏我們。**因此，**對於主動找上來的私心雜念，積極的辦法就是勇敢面對。「捉念頭、破念頭」**，跟這些念頭進行對話，自己做不到時可以請有經驗的人幫忙。這樣，**破一個妄念，就跨越一個障礙，就少一分煩惱，長一分智慧。**這樣下去，隨著對念頭背後的規律的破解，就會出現一種煩惱與智慧的此消彼長之勢，並使得智慧呈現一種迅速增長的勢頭，直至究竟圓滿，再也無自己的念頭產生，心中充滿智慧，如此就能成就人生的圓滿。

第25講　改名字就能改變命運嗎？

在世界各國的文字中，中文字算是文化涵義比較豐富的，甚至有人說，每一個漢字都是一部文化史。關於人的名字，有兩種比較典型的觀點：一種觀點認為人的名字就是個符號，另一種觀點則認為人的名字就是命運密碼的縮寫。

《了凡四訓》的主人公了凡先生的號「了凡」，就是他在發願修行之後為自己改的，而了凡先生的命運確實發生了改變。

改名字和改變命運到底有多大的關係呢？

【原文】

余初號①「學海」，是日改號「了凡」，蓋悟立命之說，而不欲落凡夫窠臼②也。

【注釋】

①號：別名。

②窠臼：比喻老格式、老習俗。

【白話】

我原來自號「學海」，當天我就把它改成「了凡」，因為我已經悟到把握自己命運的道理，不願再像凡夫俗子那樣受命運的擺布了。

大家要特別注意了凡先生改名的三個關鍵點。

第一個關鍵點：準確地說，袁先生沒有改名字，而是改了號。古人非常重視人的名字，在取名方面有很多講究，除了姓氏，會有名、字、號，小時候可能還會有小名，類似於現在的愛稱或者暱稱。當然，這是對那些有文化的人而言的，普通百姓的名字可能很簡單，而且多半不會再有號。號是什麼呢？它是名和字以外的別名，常用來表示自己的志向、情趣。例如了凡先生，姓袁，名黃，字坤儀，號了凡。

第二個關鍵點：了凡先生過去用的號叫「學海」。大家一看就明白了，這就是強調要刻苦學習，知識像海洋一樣廣大，要學海無涯苦作舟。很多人都是這麼改變命運的，這也算是一條常規的路線。但讀過《道德經》的人可能知道，老子強調了這樣一個思想：「為學日益，為道日損。損之又損，以至於無為。無為而無不為。」說得簡單一點就是，不能停留在讀書層面，要上升到悟道層面，這樣就可以遵道而行，不用自己有限的主觀智慧，一切按照大道規律去做，這才是人間最大、最智慧的作為。

第三個關鍵點：了凡先生改號的前提是他已經明白立命的道理，不願再做受命運擺布的凡夫。「了凡」，意思是「了卻凡心，不再做凡夫」，這是從學知識上升到了悟道的高度。若是忽略了這些而去改名字、改號，又怎麼可能改變命運呢？在不明白原理的情況下改名、改號，也可能越改越亂。

【原文】

從此而後，終日兢兢[1]，便覺與前不同。前日只是悠悠放任，到此自有戰兢惕厲景象，在暗室[2]屋漏[3]中，常恐得罪天地鬼神；遇人憎我毀我，自能恬然容受。

【注釋】

①兢兢：小心謹慎的樣子。

②暗室：幽暗無人的室內。

③屋漏：房屋西北角，指室內深暗處。

【白話】

從此以後，我整天小心謹慎，努力不懈，覺得自己與從前大不相同。以前我隨便放任自己，現在我言行舉止非常小心謹慎，即便在沒人看到的地方，我也會擔心自己得罪天地鬼神；遇到有人憎恨我、誹謗我，我也自然能夠心境淡然地接受了。

了凡先生得到雲谷禪師的開示之後，似乎一下子就開了竅，去掉了一些負面能量，增加了一些正面能量。也許，他已經掌握了人生命運的原理，開始了改命的歷程吧。下面我來梳理一下，看看我們能夠從中得到什麼收穫。

第一，知識是基礎，知識不夠必然會無知。之前，了凡先生的號是「學海」。看來，了凡先生真是個好學之人。對於任何人來說，想要學習和掌握浩如煙海的知識，都要下刻苦的功夫，沒有捷徑可走。

第二，知識之上是智慧。要領悟人間的智慧，就需要用心去悟，這就不是靠簡單的努力和刻苦能夠做到的。了凡先生明白命運的大智慧之後，把自己的號從「學海」改成「了凡」，這也是他表達自己修行的決心和確定努力目標的舉措。

第三，有覺悟才會有敬畏，無知者無畏。無知者，是指不了解命運規律的人。不了解規律，對規律就不會敬畏，所以會經常違背規律而受到懲罰，這就是許多人苦惱的原因。了凡先生在了解命運的規律之後，自然就升起了敬畏心，做事變得小心謹慎。

第四，改號以明志，開啟新征程。這就是改名立信篤行。有的人聽了無數次正確的道理，受到了別人無數次的指點，卻一直用自己過去的思維進行理解，為過去和現在的自己辯護。即使偶爾動念要修行、要改變，但很快就忘記了。所以，要改命，必須發大願；否則，自己不主動去改變，別人拖著你又能走多遠呢？

第五，最寶貴的品質是「可教」。了凡先生向雲谷禪師坦承心跡，接受引導。這讓人想起了一句話：「孺子可教也。」這句話實際上是對有靈性之人的肯定。想想看，若是我們聽到「此人不可教也」這句話，又有何感受？很多人之所以接不住改變命運的機緣，就是因為困在小我中太久，甚至形成了自我的一個牢籠。這樣的人，低級的、散亂的、表面化的、充滿偏見的思維和思想猶如一個硬殼一樣堅固，他們總是在自我辯護。老子說：「善者不辯，辯者不善。」想想看，為過去辯護的人會有未來嗎？為自己辯護的人，怎麼會成為更好的自己？

第六，不欺人、不欺天、不自欺，至誠通天。不欺暗室，這涉及人對待自己修行的一個基本態度。這裡我想與大家分享一段出家人與信眾的對話。信眾問：「您在公眾場合都是吃素食，您獨自在房間的時候會不會吃肉呢？」師父沒有回答問題，而是反問道：「您是開車來的嗎？」那人回答說：「是的。」師父說：「開車的時候要繫安全帶，請問您是為自己繫還是為警察繫？如果是為警察繫安全帶，有警察的時候您肯定會繫，沒警察時就不一定了。如果是為自己繫，有沒有警察都要繫。是這樣吧？」那人說：「喔，我明白了！」

此外，我曾與一些有文化功底的朋友談論取名、改名的事，發現大家漸漸形成了幾個共識。

一是家中長輩取的名字，只要不犯忌諱，原則上不改，而應該用心體會長輩的期望。有時，隨便改名字會讓長輩傷心。

二是名字用字不宜過繁、過偏，取名字不能用人們不熟悉的字或者容易念錯的字，否則，時間久了會有各種莫名其妙的疑惑加諸其身。

三是名字寓意不宜過俗或者過高、過大。過俗，會讓人笑話，也難登大雅之堂；過高、過大，會為人帶來巨大負擔，或者自視清高，或者讓人恥笑。

四是名字寓意要正面、陽光、向上，因為一生中自己要寫自己的名字無數次，介紹自己時會說自己的名字，名字也會被別人叫無數次。

五是名字的寓意不宜模糊不清或者讓人難以理解。

六是名字價值的關鍵，就在於如何從文化內涵方面進行深度解析與解讀。

名字對於一個人來說確實很重要，但名字再重要，也重要不過你的心念和你的行動，心念決定方向，行動決定結果。因此，一定要用心學習祖宗的智慧，明白了命運的原理，再輔以名號來發願發誓，就能相得益彰了。

第26講　什麼能夠超越算命？

在現實生活中，不少人都找人算過命。找什麼人來算呢？一定是找算得準的人。了凡先生被孔先生算準了，卻又鬱悶了。幸運的是，了凡先生又遇到了雲谷禪師，結果，他的命運就改變了，孔先生的預測竟然不靈驗了。

【原文】

到明年，禮部考科舉，孔先生算該第三，忽考第一，其言不驗，而秋闈中式矣。

【白話】

到了第二年，我參加禮部主持的考試，孔先生算我能考第三名，我卻考了第一名，孔先生的預測開始不靈驗了，而在秋天的鄉試中，我考中了舉人。

立命一年就考上舉人，真是立竿見影，使了凡先生備受鼓舞，這是真信、切願、力行的效果。他的命運從此朝好的方向轉變，立命開始見效。這可真稱得上是奇效了。這奇效是如何產生的呢？或者說，是什麼力量導致了凡先生的命運發生了這樣的變化？讓我們來梳理一下。

第一步：「宿命之結」解開了，心靈解放了。因為前期被算中很多事情，了凡先生在自己心裡繫上了一個宿命的死結，讓他鬱悶不已。經過雲谷禪師一番循循善誘的開導，那個死結終於解開了。於是，了凡先生迎來了心靈的解放，壓在心頭的一座大山被搬開，心靈猶如長出了翅膀，那是新生的開始，將迸發出巨大的能量。

第二步：心靈的天空晴朗了，前進的方向明確了。從雲谷禪師的開示中，了凡先生懂得了命運可以透過內求、改過、積善、謙德而改變，這一方面驅散了宿命的陰霾，另一方面也明確了修行的方向。於是，他所嚮往、所追求的美好人生，終於若隱若現，這是讓人興奮、熱血沸騰、生命燃燒般的力量。心靈沒有了桎梏，又長出了翅膀，就可以飛翔了。

第三步：受教、篤信篤行，發宏願、定目標，砥礪前行。了凡先生沒有為自己的小我做辯護，而是接受教化，實實在在地採取行動，發願、實踐。不少人也遇到了機緣，但他們不受教、不全信，總是找理由為自己辯護，因此沒有實質性的行動，自然也就無法改變命運。

第四步：發願、改過、積善，重要的是目標要明確。這樣就能夠讓自己心中的負能量迅速得到控制並減少，同時不斷增加正能量，自我蓄能，自我激勵。於是，在了凡先生的心靈世界中，善惡兩種力量出現了善長惡消的新態勢。這種內在力量的改變，驅動著外部的行動並呈現在結果中，於是，命運的景象就改變了。

【原文】

然行義未純，檢身[1]多誤：或見善而行之不勇，或救人而心常自疑；或身勉為善，而口有過言；或醒時操持[2]，而醉後放逸[3]。以過折功，日常虛度。

【注釋】

①檢身：檢查自身。

②操持：自我約束。

③放逸：放縱。

【白話】

但是我的仁義行為還不夠純粹，檢查自己的言行，還有很多過失：有時候看見應該做的善事，卻不敢去做；有時候雖然救助了別人，心中卻猶豫不定；有時候在行動上做了善事，口頭上卻說錯話；有時候清醒時尚能約束自己，酒醉後卻放縱起來。功過相抵，許多日子就這樣虛度了。

改變命運很難，自省不易。在這方面，了凡先生可謂是我們的楷模。他沒有沉醉於修行後出現的進步和驚喜，而是敢於直陳自己心中的雜念和行動中的不足，審視自己心底那些不徹底、不乾淨的力量，用心地區分正負兩種力量。

很多時候，我們只看到了別人取得的成績，卻看不到他們付出的努力，以及他們在內心完成的艱苦戰役。現代人時常總結，但更多的是總結工作，而不是總結自己。即使是總結自己，也往往是大而化之，十分籠統，甚至很表面化，難以深入到靈魂深層。

個人的成功與偉大事業的成就，都需要自我改革精神來做支撐。而自我改革的過程，就是讓自己的內在精神不斷強大的過程。說到這裡，我們彷彿能夠看到了凡先生心靈世界中正反兩種力量此消彼長，最終正向的力量占據主導的畫面。

不知你看到這裡，會不會有一種躍躍欲試的感覺呢？

【原文】

自己巳歲①發願，直至己卯歲②，歷十餘年，而三千善行始完。時方從李漸庵入關，未及回向。庚辰③南還，始請性空、慧空諸上人，就東塔禪堂回向。

【注釋】

①己巳歲：指西元一五六九年。

②己卯歲：指一五七九年。

③庚辰：指一五八〇年。

【白話】

從己巳年發願，直到己卯年，一共經過了十多年，我才做完我許諾的三千件善事。那時候我正跟李漸庵先生入山海關辦事，沒來得及做回向。直到庚辰年，我回到南方家鄉後，才請性空、慧空等高僧在東塔禪堂回向。

所謂「回向」，就是將自己所修的功德，回轉給某人某事。回向的要義是自己不貪功，並讓功德能量流轉起來。了凡先生在祈求考中舉人時，許願做三千件善事以報天地祖宗的恩德，現在完成了，就需要回向還願。在這一段內容中，了凡先生介紹了他修行的過程，體會到了真信、切願、力行的效果，比孔先生所預測的時間更早地考中了舉人，這讓他對修行進一步增強了信心，也體現了立命之學的巨大功效。同時，了凡先生的覺知能力也明顯提高了，他認識到了自己在修行過程中存在的問題，如勇氣還不恆定，做善事時還心存雜念，還會有不少說錯話、做錯事的時候，感覺自己狀態不穩定，基本上功過相抵。

了凡先生用了十餘年時間，完成了發願時承諾的三千件善事，這是很了不起的。粗算起來，十年也就是三千餘天，完成三千件善行，接近於「日行一善」了。

值得注意的是，回向是修行中的一個重要環節。行善的修行者要做回向，這也是為修行者所設的一個回路，以避免個人因為行善而將所有的功德據為己有，形成正能量的短路，以及內心生出新的障礙。此外，回向也是再續前緣，再蓄高能，緣分不斷，能量升級，就會為後續改變命運的歷程提供更加強大的動力。

很多人因為不懂回向，結果就事倍功半了。行善積德也是私心，需要破除，要把這個功德送出去給別人，但是送出去並不意味著自己的功德會減少。更為重要的是，將功德送出去以後，自己的心更純淨了，幫助別人的同時，還要感恩被幫助的人，這個回路是一般人很難搞懂也很難做到的。

看起來，透過修行改變命運真的是個細緻的事情。不僅要有堅定的上善信念、純淨的心，勇敢改過，堅定不移地行善，就連積德這樣的功德心都要破除，如此才能真正主宰自己的命運。

第27講　兒子與官位是求來的嗎？

很多人為了求子、求財、求官位而到一些宗教場所去爭上頭香，去磕頭，去捐款，對傳說很靈驗的地方更是趨之若鶩。當然，大多數人是尋找一種心靈寄託，沒有真正期望能夠透過這種方式實現自己那些宏大而美好的願望。

了凡先生改變了自己的命運，也不是祈求什麼神靈的結果，而是堅決地改過和真心地行善，重新創造了自己的命運。若是不明白改變命運的原理，祈求也只是一種自欺欺人的做法罷了。

接下來我們一起看看，了凡先生是透過哪些做法改變自己的命運的。

【原文】

遂起求子願，亦許行三千善事。辛巳①，生男天啟②。余行一事，隨以筆記；汝母③不能書，每行一事，輒用鵝毛管，印一朱圈④於曆日之上。或施食貧人，或買放生命，一日有多至十餘圈者。至癸未⑤八月，三千之數已滿。復請性空輩，就家庭回向。

【注釋】

①辛巳：指一五八一年。

②天啟：袁了凡的兒子。

③汝母：你的母親，指天啟的母親。

④朱圈：紅色的圈。

⑤癸未：指一五八三年。

【白話】

我又發下求生兒子的誓願，也許諾要做三千件善事。辛巳年，就生了兒子天啟。

我每做一件善事，隨即就用筆記下來；你母親不會寫字，她每做一件善事，就用鵝毛管在日曆上印一個紅圈來記數。或是施捨飯食給窮人，或是買鳥獸來放生，有時一天能印下十多個圈。到了癸未年八月，我所許諾的三千件善事就完成了。於是我再次請性空等高僧在家裡做了回向。

在一件事上取得了效果，驗證了心中的信念，往往會讓修行者信心大增。於是，了凡先生在成功考中舉人並回向之後，又開始了求子的實驗，許下三千件善行的大願，次年果真生了兒子天啟。

【原文】

九月十三日，復起求中進士願，許行善事一萬條。丙戌[1]登第，授寶坻[2]知縣。余置空格一冊[3]，名曰《治心編》。晨起坐堂，家人攜付門役，置案上，所行善惡，纖悉必記。夜則設桌於庭，效趙閱道焚香告帝。

【注釋】

①丙戌：指一五八六年。

②寶坻：縣名，今屬天津。

③空格一冊：一本空白的小冊子。

【白話】

同年九月十三日，我又發下求中進士的誓願，許諾要做一萬件善事。丙戌年，我考中進士，被授予寶坻縣知縣一職。我準備了一本空白的小冊子，為它取名叫《治心編》。我每天早晨去大堂上辦公時，就請家人把這本小冊子帶給負責的衙役，讓他放在案桌上，我當天所做的善事惡事，無論多細微，都要記下來。到了晚上，就在庭院裡擺上案桌，點上香，仿效趙閱道，把白天做的事情一一向天帝稟告。

趙閱道是宋朝人，為人厚道剛直，官為殿中侍御史時，彈劾官員從不畏避權貴和皇帝寵幸之人，人稱鐵面御史。他每夜一定在庭院裡擺上案桌，穿上官服，點上香，將日間所做之事一一向天帝稟告，凡是不敢稟告的，他就不敢去做。

【原文】

汝母見所行不多，輒顰蹙①曰：「我前在家，相助為善，故三千之數得完；今許一萬，衙中無事可行，何時得圓滿乎？」夜間偶夢見一神人，余言善事難完之故。神曰：「只減糧一節②，萬行③俱完矣。」

【注釋】

①顰蹙：蹙著眉頭，形容憂愁的樣子。

②一節：一件事。

③萬行：一萬件善事。

【白話】

你母親見我做的善事不多，就皺著眉頭說：「以前在家裡的時候，我能幫著你做善事，所以能把三千件善事做完；現在你許諾做一萬件善事，衙門裡又沒有什麼善事可做，這要到什麼時候才能完成呢？」當天夜裡，我夢到一位神人，就把這一萬件善事難以做完的原因告訴他了。神人說：「僅僅減輕百姓稅糧這一件事，一萬件善事就完成了。」

【原文】

蓋寶坻之田，每畝二分三釐七毫。余為區處①，減至一分四釐六毫。委②有此事，心頗驚疑。適③幻余禪師自五臺來，余以夢告之，且問此事宜信否，師曰：「善心真切，即一行可當萬善，況合縣減糧，萬民受福乎！」吾即捐俸銀④，請其就五臺山齋僧一萬而回向之。

【注釋】

①區處：籌劃。

②委：確實。

③適：剛好。

④俸銀：為官所得薪俸。

【白話】

本來寶坻縣的糧賦是每畝田二分三釐七毫，我見百姓負擔太重，就籌劃將其減至一分四釐六毫。我確實為百姓減輕稅糧了，所以夢中神人提及此事時我相當吃驚，但我有些疑惑，為什麼這件事能抵一萬件善事呢？剛好幻余禪師從五臺山來，我就把這個夢告訴他，並問這事能不能夠相信。幻余禪師回答說：「只要真誠懇切地做善事，一件善事也可以抵得上一萬件善事，更何況你為全縣百姓減少稅糧，使成千上萬百姓受福了。」於是我捐出俸銀，請幻余禪師在五臺山為一萬名僧人布施齋飯並做回向。

要做到善心真切，這樣就可以改變善行的算法。尤其難能可貴的是，了凡先生還能捐了自己的俸銀去做回向。一個為百姓做善事的好官，造福百姓，造福國家，同時成全了自己，也為繼續向好埋下了善的種子。

了凡先生的兒子與官位不是祈求來的，而是用自己的善行做出來的。反過來說，只要一心為善，個人合理的利益就是水到渠成的了。人在真心為善時，整個身心都聚焦在行善上，指標很明確，時時做記錄，心中有偶像，天天強化自身，及時做回向，所求看似官位，實則是行善的責任。這不就正好對應了為官之道嗎？若是單純為自己求官位，而不是行善助人，一心謀求私利，也就偏離了為官之道。實際上，行善過程中的形式都指向了為官的正道，這才是生命能量發生質變的關鍵所在。

明白了這些，我們就會發現：如果不做好事，只是一味地祈求自己心中相信的所謂神靈幫助自己，是肯定不會靈驗的，這就是迷信；若是真心實意地為別人做好事，有些好事就會來找你。你為別人做的好事，又轉回來變成了你的好事。一個人只有心中有善的能量，並付諸善的行動，才有可能創造出人間奇蹟。一個人越善良，他的人生中就會發生越多神奇的好事。

第28講　好人與壞人誰更長壽？

在現實生活中，總能聽到一些人抱怨：「好人不長壽，壞人活千年。」這個邏輯肯定是不成立的，長壽的就不是好人？壞人都能活千年？這只是在表達情緒罷了。了凡先生透過改過和行善確實延長了自己的壽命。你若是也想讓自己的壽命長一點，就應該向了凡先生學習。

【原文】

孔公算予五十三歲有厄①，余未嘗祈壽，是歲竟無恙，今六十九矣。

【注釋】

①有厄：有災難。

【白話】

孔先生算我五十三歲時有災難，我沒有祈求過長壽，五十三歲那年卻平安無事地度過，今年我已經六十九歲了。

在行善的過程中，了凡先生的第四個實驗也有了結果。按照孔先生的測算，了凡先生只能活到五十三歲，但就在了凡先生行善的過程中，五十三歲那年平安度過，寫《了凡四訓》這一年，了凡先生已經六十九歲了。

這跟前面的三個實驗有點不同。在前面的三個實驗中，了凡先生雖然許諾做善事，但同時自己也有所求——求中舉，求生子，求中進士。了凡先生沒有求長壽，卻在自己行善的過程中平安度過了被孔先生算定的那個死亡年齡。由此看來，只要真心行善，勇於改錯，一心利人，就會全面地滋養自己的生命和人生。

這些道理，對於處在現代社會的我們也具有十分重要的意義。關於「好人不長壽，壞人活千年」這句話，我們需要思考以下三個問題。

第一個問題：什麼樣的人是好人？沒有人會說自己是壞人，但對於聲稱自己是好人的人，我們不能完全相信他的說法，還要看他做什麼，而且看的時間要足夠長。也許平安無事的時候大家都是好人，但是遇到一些重大的事情，尤其是與個人利益有重大衝突時，有的人就會露出本來的猙獰面目。那麼，一生還算平安的人，能不能夠算是完全意義上的好人呢？也仍然是個疑問。也可能只是他壞事做得不夠大、不夠多，因此還勉強維持著一個好人的樣子。

第二個問題：既然說好人不長壽，那長壽的就都是壞人嗎？我們崇尚一種文化，就是「死者為大」。一個人若是死了，跟自己就沒有什麼利益衝突了，也不會再構成什麼威脅或者傷害了，於是通常就會毫不吝嗇地讚美他，而把他的一些缺點直接忽略掉了。對已經死去的人還要做一些吹毛求疵的評價的行為，通常不會被人們接受。但客觀地說，這只是一種人文情懷罷了。若是從客觀上說，不長命的人，也是內外相符的，他生命中的缺陷與他的壽命也是高度相關的。

所以「好人不長壽」這個判斷是不成立的，是個偽命題。如果一個人想長壽，難道就不能做好人？只有做壞人才能長壽？看看那些老壽星，那些患了重病也能長壽的抗病英雄，他們美好的品質一定多於一般人，而且改掉了自己的毛病，所以才能為自己贏得新生。

第三個問題：為什麼說「壞人活千年」？這很顯然不是科學判斷，而是一種情緒表達。想想看，普通人大多活個百八十歲，若是壞人能活千年，那豈不是達到了普通人的十倍？有人見過活到一千歲的人嗎？所以我們要小心這種情緒，不要將其視為一種理性判斷，更不要形成一種錯誤的人生模式：好人不長壽加上人人想長壽，再加上壞人活千年，等於想要長壽就不能做好人，只能做壞人。你看，這是不是錯得太離譜了？

實際上，透過剖析上面三個問題，我們也能明白長壽之道。想要長壽，就要注意以下五點。

一，**要明白夭壽之原理**。好人好命，壞人壞命，外部的壞往往昭示著內在的爛。

二，**人生目標不能錯**。要從俗人開始去做一個真正的好人，要在人間各種波折與考驗中堅定不移地做個好人。

三，要明白好人的標準。不能模糊地認為自己就是好人，更不能炫耀自己的優點、成績或成就，而又刻意地掩蓋自己的缺點、敗績或過失，甚至刻意掩飾自己的罪惡。

四，切不可羨慕壞人。切不可愚昧地羨慕惡人沒有受到外部懲罰時那種無法無天的樣子，更不能動搖善良的立場，尤其不能因為惡人沒有受到懲罰或者受到他人脅迫而去模仿或者與其同流合汙。

五，要記住報應隨時都在發生。好人好自己，壞人壞自己。自己命中的好，皆來自自己的善；自己人生中的災難，皆來自自己的惡。善惡隨時報，唯你不知道。

第29講　命好的人都掌握了一個竅門

時常聽人說，父母多半都是為孩子而活的。對此，大多數人都有切身的感受。我們的成長，可謂處處都傾注了父母的心血。每個人從小就開始接受父母的教育，人生百態，不同的父母會教育出不同的孩子。

愛孩子的父母們，你們有什麼寶貴的禮物可以傳給孩子呢？了凡先生把改變命運的訣竅傳給了他的兒子。

【原文】

《書》曰：「天難諶①，命靡②常。」又云：「惟命不於常。」皆非誑語。吾於是而知，凡稱禍福自己求之者，乃聖賢之言；若謂禍福惟天所命，則世俗之論矣。

【注釋】

①諶（ㄔㄣˊ／chén）：相信、依靠。

②靡：無，沒有。

【白話】

《尚書》中說：「天難信，命無常。」《尚書》中還說：「命運不是固定不變的。」這些都不是謊話。於是我就知道：凡是說禍福由自己造的，這肯定是聖賢的話；如果說禍福是由上天所賜的，則肯定是世俗的言論。

這裡是說「命數定而有變」，即人皆有數，但是行善、作惡會使命數發生變化。從古至今，無數人感嘆命運的無常，這讓人生命運問題蒙上了一層神祕莫測的色彩。之所以會這樣，是因為普通人沒有心思和精力去學習、研究命運的規律。從現象層面上來看，一切都是變化無常的，正如人們常說的那樣，「世間唯一不變的就是變化」。但別忘了，還有一句話叫作「萬變不離其宗」。人類的歷史、無數人的命運共同證明一個真理：不適應變化就是等死，盲目地跟隨變化就是找死；而**能夠找到這一切變化背後的規律，順應著規律去把握變化的人，才能主宰自己的命運。**

了凡先生從定數的宿命論中走了出來，走到了用善行來改變命運的積極人生道路上。他掌握了變數的規律，抓住了命運之宗，揭示了改變人生命運的祕密：用堅信正道、真心行善、利人利眾、勇於改過、虔誠回向來立命，生命也就從所謂的「定數」中走出來。

了凡先生的這一覺悟，對於現代人來說，依然具有重大意義。

第一，家境好的人，不要認為自己命好；家境差的人，也不要認為自己的命不好。家境和個人條件不是絕對的，不是決定性條件，如果不明白命運的原理，好的會變壞，壞的則會變得更糟。

第二，僅僅依靠為個人的私利奮鬥的信念，就想鑄就自己好的命運，肯定是一條歧途，儘管現實生活中很多人都在這麼做，那也不代表這就是真理。

第三，要堅信命運可以自己主宰，相信行善和積德，勇於改正過錯，一心利他利眾，縱有功德也不貪為己有，依然回向給眾人，這才是人生正道。即使是在現代社會，即使是學習很多知識的現代人，這依然是想改變命運可以參考的不二法門。

了凡先生透過用善行改變命運的文化實踐，得出了兩個重要的結論。

第一個結論：若是認為福禍是由上天所定所賜，就等於放棄了主宰自己命運的機會和努力，啟動了愚痴的心智模式，將自己打入了宿命論的深淵，變成了命運的奴隸，人生如同待宰羔羊一般。

第二個結論：人生的福禍都是自己造成的，種福得福，種禍得禍，如果能認識到這一內外因果的原理才是人生命運的祕密，就可以掌握改變命運的智慧。

【原文】

汝之命，未知若何。即命當榮顯，常作落寞①想；即時當順利，常作拂逆想；即眼前足食，常作貧窶②想；即人相愛敬，常作恐懼想；即家世望重③，常作卑下想；即學問頗優，常作淺陋想。

【注釋】

①落寞：寂寞，冷落。

②貧窶：貧窮。

③望重：名望很高。

【白話】

你的命運，不知道是什麼樣的。即便命中榮華富貴，也要像失意落魄時一樣低調內斂；即便時運順利，也要像身處逆境一樣謹慎；即便眼前豐衣足食，也要像貧窮時一樣節儉；即便受到別人的尊敬和愛戴，也要戰戰兢兢，如履薄冰；即便家道興旺、聲望很高，也要像身處低位一樣謙卑；即便學問頗優，也要像才疏學淺一樣虛心好學。

了凡先生進一步領悟到了命運的平衡規律：命運的無常只是表面現象，在它背後其實隱藏著一個恆常的規律，所以不管身處何種境況，都要主動取得平衡。這一規律可以稱為「反向平衡規律」。

境況好的時候，莫要自傲輕狂，不要忘記自己處境差時的卑微；境況差的時候，須知那是對生命的歷練，更要立大志，仰望高處的光明。

順利的時候，莫要得意揚揚，須知許多人正因為得意而挫敗，成敗只在一念間；受到挫敗的時候，不要垂頭喪氣或者怨天尤人，須知挫敗是對舊程式的升級，只有靜心自省，才能把挫敗轉化成騰飛的力量。

受人尊敬時，不要趾高氣揚，須知此時眾人在考驗你生命的貴賤；當能力強、成就大、名聲遠時，切莫被小小的外部成就和俗人的吹捧壓垮了心靈；在得意的高峰時，要謙卑處下、藏鋒露拙、真誠請教、勇於改過，始終保持平常心；客觀上成為了不起的人物，主觀上仍然要把自己當作平凡的人，人氣再高也不能沒了人味。

第30講　想要改變命運，必須找到「座標」

每個人都是活在一個座標系裡的。人生的座標系有兩個軸：一個是橫軸，代表時間；一個是縱軸，代表人生的品質，越靠上的位置代表人生越不平凡，越靠下的位置代表人生越悲慘。真正覺悟的人，會堅定不移地向高處攀登，時刻警惕向下的、引人墮落與淪陷的力量。

在《了凡四訓》中，了凡先生教育兒子時，就使用了人生的「座標系原理」。

【原文】

遠思揚祖宗之德，近思蓋父母之愆①；上思報國之恩，下思造家之福；外思濟人之急，內思閑己之邪②。

【注釋】

①愆（ㄑㄧㄢ／qiān）：過失。

②邪：邪念。

【白話】

從遠處講，要思考如何傳揚祖宗的美德；從近處講，要思考如何彌補父母的過失。對上，要思考如何報效國家的恩德；對下，要思考如何為全家修福。對外，要思考如何救人之急難；對內，要思考如何預防自己產生邪念。

這就是了凡先生勾勒出來的一個全方位平衡的人生座標系：遠思近思，上思下思，外思內思，三個維度，覆蓋了兩個極點。

首先說遠思。若自己有了一些智慧，要感恩祖宗的美德和智慧的加持，找到自己智慧的源頭，不可自視清高，讓自己保持與祖宗的連結關係，萬不可數典忘祖。

其次說近思。即使做了一些善行，也不足以彌補自己的罪過，更要多做善行去彌補父母所犯下的差錯，不能只算自己的小帳，不能有功滿得意的錯覺。即使行善也不能傲慢，更不能以為如此就能彌補過失造成的危害，還要想著多做善事替父母做一些彌補。

再次說上思、下思。不能僅僅因為自己做了該做的事，就以為功德圓滿；不能只為個人考量，還要為全家和後代多積陰德。個人行善不能只為自己造福，個人與國家命運相連，要想著報效國家。

然後說外思。在外遇到別人有難，要將其作為自己報恩的機會，不能躲避，也不能冷漠，更不能幸災樂禍，否則必然為自己引來禍殃。一定要毫不猶豫地伸手相助。若是視為與己無關，當下就顯品性之卑劣和狹隘，即是一大過失。別人有難，尤其不能再去詛咒或者幸災樂禍，這絕對是陰暗心態使然。

最後說內思。時常觀察自己的內心，即使沒有變成外部的言行，內心的任何邪念也絕對不能放過，更不允許其滋生蔓延。正所謂，內心之念，人不知天知，天不知心知，只要產生了，就會變成能夠對自己產生影響的一種能量，所以逢邪必滅、邪出必殺。這就是一個人最了不起的內功。滅心賊，要滅在萌芽之中，絕不可任其長大，否則就會後患無窮。

【原文】

務要日日知非，日日改過；一日不知非，即一日安於自是；一日無過可改，即一日無步可進①。天下聰明俊秀不少，所以德不加修，業不加廣者，只為因循②二字，耽閣一生。

【注釋】

①無步可進：沒有進步。

②因循：因循舊習，不求進步。

【白話】

一定要每天反省自己的過失，改正自己的過失；如果一天不反省自己的過失，這一天就自以為沒有過失了；一天沒有過失可改，這一天就沒有進步。天下聰明而傑出的人實在不少，他們之所以道德沒有越修越好，事業沒有越做越大，就是因為「因循」二字，白白地耽擱了一生。

世間最厲害的功夫，不是戰勝別人，也不是一時戰勝自己，而是時時刻刻永不間斷地為自己糾錯，這是一種能夠創造奇蹟的神奇能力。

了凡先生開導兒子，只要一天發現不了自己的過失，得過且過，就會虛度一天的光陰。一定要記住，每個人的重大進步，幾乎都來自改過後出現的新境界。若是一天中沒有發現過失和改正過失，就會讓今天重複昨天，這就是生命的停滯，就是讓時光白白流逝；這既是對生命巨大的浪費，也是對自己最大的辜負。

天下聰明的人很多，努力的人不少，大部分人依然辛苦和糾結，那是因為疏忽了自己的進步。自己沒有進步，事業往往就會陷入停滯。沒有勤修內在的德行，沒有認真、堅定地改正過失，反而得過且過，苟且偷安，任憑自己的問題和過失繼續存在、複製、放大和繁衍，直至氾濫成災，最終毀了一生。

由此可見，生命力的主導程式就是：不斷地改過和進步，讓自己不斷地增值和完善，讓每一天的自己都猶如新生一般。這才是最強大生命力的特徵。

【原文】

雲谷禪師所授立命之說，乃至精至邃、至真至正之理，其熟玩①而勉行之，毋自曠②也。

【注釋】

①熟玩：反覆、認真體會。

②自曠：自我荒廢。

【白話】

雲谷禪師所傳授的立命之說，是最精妙、最深邃、最真實、最正確的道理，你一定要反覆仔細研讀，並按照其中的道理去做，千萬不要自我荒廢，虛度人生啊！

了凡先生將雲谷禪師所授立命之說傳授給自己的孩子，這是一個父親送給孩子最寶貴的禮物。如果你也是父母，除了在生活上照顧孩子，有沒有精神財富能夠傳遞給孩子呢？

愛孩子的父母總是想把最好的留給孩子。若是自己不親身實踐改變命運的歷程，作為父母又能有什麼樣的力量傳遞給孩子呢？若是沒有偉大的力量傳遞給後代，人類文明又如何連續不斷地進化呢？孩子又靠什麼力量主宰自己未來的人生呢？

很多平時忙碌得顧不上修行的父母，想得更多的是幫助孩子置辦一些家產，多留一些金錢給孩子，但孩子若是沒有高尚的心靈和人生的智慧，僅僅靠一點家產和金錢，就能主宰自己未來的命運嗎？

也有的父母不想留給孩子太多家產和金錢，希望孩子能夠靠奮鬥來贏得人生的一切。可是，若是沒掌握人生命運的規律，不修德行，不懂得利他行善，沒有勇氣改正過失，僅靠勤奮和奮鬥，就能主宰自己的命運嗎？沒有找準命運的方向，沒有把握命運的能力而盲目地奮鬥，沒有自我內在能量的提升，任憑過失和錯誤在內心發酵和放大，恐怕也只能在糾結、折磨和掙扎中度過一生，這也是另外一種淒慘。

原來，**命運的祕密就是心中能量的指向和能量的強度**。

第二篇：改過之法

第31講　如何掌握預知福禍的能力？

現實中，人們總是在感嘆福禍無常，這實在是折磨人，於是很多人去找高人測算禍福。實際上，禍福是有規律的，你若是掌握了禍福的規律，也可以有這種預知能力。從這一講開始，我們來學習《了凡四訓》的第二篇：改過之法。

【原文】

春秋諸大夫，見人言動①，億②而談其禍福，靡不驗者，《左》③《國》④諸記可觀也。大都吉凶之兆，萌乎心而動乎四體，其過於厚者常獲福，過於薄者常近禍。俗眼多翳⑤，謂有未定而不可測者。至誠合天，福之將至，觀其善而必先知之矣；禍之將至，觀其不善而必先知之矣。

【注釋】

①言動：言行舉止。

②億：通「臆」，預料、揣測。

③《左》：指《左傳》，又稱《春秋左氏傳》，是一部編年體史書。

④《國》：指《國語》，是一部國別體史書。

⑤翳：遮蔽。

【白話】

春秋時期的一些士大夫，觀察一個人的言行舉止，就能預測出他的禍福，沒有不靈驗的，這在《左傳》、《國語》等史書中都有記載。吉凶的苗頭，大都是首先在心裡產生，然後在言行上表現出來。美德深厚的人常獲福，而輕佻刻薄的人容易遭禍。世俗之人的眼睛會被很多事情遮蔽，看不清楚這一點，所以認為禍福變幻不定，是無法預測的。至誠之人上合天道天心，看到人的善行，就知道他將獲福；看到人的惡行，就知道他將遭殃。

上天降福於行善的人，降禍於作惡的人，禍福將要到來的時候，一定會有徵兆。對於很多人來說，命運、命理是神祕而難以捉摸的學問。了凡先生在此進行揭祕，展示了「命運學」與「命理學」的原理和邏輯。

首先，了凡先生說春秋時代的許多士大夫能預測人們的禍福，緊接著把士大夫們預測禍福的邏輯展示了出來：心—身—言行舉止—命運結果。士大夫們是怎麼預知禍福的，一下子就非常清楚了。原來，核心是「至誠」，「至誠」的核心是無念、無我、無相、無住、無執、無私，因而可以達到「至誠通天」的境界，也就是與天道天心合一。天道天心，說的是天地間的客觀規律。人間的一切，都是天道天心在人間變換出來的形態，也可以說是天道天心在人間的投影。高人能夠與天道天心合一，自然就知道了投影源，再看投影到人間的那些影像，也就沒有什麼祕密了。

比如，一般人所認為善良的人，往往善良得不純粹，也沒有相應的智慧，所以看不清楚真相，往往會好心辦壞事，還覺得自己很冤枉。他們也常常被欺騙、被算計，於是就會鬱悶和憤憤不平，殊不知那些欺騙、算計他們的人，正是被他們自己內心深處隱藏的汙垢吸引來的。而這些傷害他們的人，其實都是來啟迪他們升級心智的，就是從「不徹底的善良＋智慧的薄弱＋貪婪、輕信＋神態上的自我暴露」進化到「上善極善＋圓滿智慧＋無我、無私、無求＋時刻反省、及時調整＋沒有自滿、總能更好」的心智模式。明白了這個原理，你就明白為什麼那些善良的人會有那樣的遭遇了，甚至你也可以猜測他們過去的經歷，預測他們未來會有哪些遭遇。

再比如，在現實生活中，有一種被稱為「達克效應」的認知偏差，有的人認知結構存在欠缺，看不見自己的缺點和錯誤，也看不見別人的優點和長處，但這樣的人又往往高度自戀，看起來很自信，實際上很自負。這樣的人無論走到哪裡都會把自己跟他人的關係搞壞，於是不斷換地方工作、生活，或者換人交往。若是了解這些，是不是就可以很容易地猜測出他過去的經歷，預測他未來的發展了？

明白了「命運學」和「命理學」的原理之後，每個人都可以獲得預知命運的能力。這個原理說起來也很簡單，就是「內在決定外在」。**只要內在持續地調整，外在就能不斷地改善**。我們的優點和內心的善良，就是我們內在善的、光明的能量，若是轉化為我們的觀念、思維和言行，就會構成我們現實和未來命運中美好的那一部分。同樣地，我們的缺點和內心的邪惡，就是我們內在惡的、陰暗的能量，若是轉化為我們的觀念、思維和言行，就會製造出我們現實和未來命運中悲慘的那一部分。還有一種可能，就是內外不一致，這也是極其消耗生命能量的模式：內心那種善的和光明的能量不能轉化為我們的觀念、思維和言行，也不能製造出美好的效果；或者內心那種惡的和陰暗的能量，不敢變成外在的言行，但變成了我們內在的衝突，變成了對自己的折磨和內心的消耗，如同毒蟲噬心一般。

如此看來，人的命運基本上有以下四種模式。

第一種：內在的善與光明—觀念、思維與言行—善與光明的效果—美好的命運。

第二種：內在的惡與陰暗—觀念、思維與言行—惡與陰暗的效果—悲慘的命運。

第三種：內在的善與光明—觀念、思維與言行—惡與陰暗的效果—不知反省、沒有改善—悲慘的命運。

第四種：內在的惡與陰暗—觀念、思維（無言行）—內外衝突—心力消耗—悲慘的命運。

當然，如果我們能夠修正自己，就能打造一條命運的光明大道：心中只有善念和光明—完全轉化成觀念、思維與言行—智慧的方法—全部指向善與光明的結果—保持自省與精進不輟—美好的命運。

在現實生活中，我們都掌握了很多能力，尤其是生活和工作方面的能力。但如果沒有掌握命運的規律，最終命運會怎麼樣呢？所以，要學習科學、哲學和文學，這樣我們就不僅能夠預知未來的命運，還具備打造美好命運的能力，將天道、人道、世道等宣導的美好品行全部融合到生命中，讓自己真正成為命運的主人。

第32講　為何行善沒能改變命運？

世上有這樣一類人，他們會親近聖賢，也會伸手助人，經常做好事，可是命運一直沒有大為改變，這令他們鬱悶不已，旁觀者也很疑惑。也有偏激一點的人，乾脆就否定了行善：「都說要行善，為什麼我看到的是不肯行善的人不斷增加，經常行善的人總是被壓制呢？」

你想知道這是為什麼嗎？如果一個人做了十件善事，但是又做了一件惡事，是不是減掉這件惡事還剩下九件善事呢？若這樣算帳可就大錯特錯了。人心的帳，是善事的心理效應抵不過惡事的心理效應，一旦做了惡事，人們對你所做善事的評價也改變了，也就是俗話說的「一粒老鼠屎能壞一鍋粥」，這就是「惡事勝過善事」的效應。因此，想要改變命運，就要堅決改過。

【原文】

今欲獲福而遠禍，未論[1]行善，先須改過[2]。

【注釋】

①未論：不說，還沒有談到。

②改過：改正錯誤。

【白話】

現在想要獲得福祉而遠離災禍，在談到行善之前，要先改正錯誤。

了凡先生透過自己的實踐，參悟了「命運學」的原理，揭開了一些行善者無法改變命運的祕密：行善不改過，過失和邪惡就會糟蹋完行善助人所帶來的正能量。就像用髒水洗衣服、用漏桶提水一樣，怎麼可能實現自己的目標呢？

很多關心人生命運的人急急忙忙地為自己積德造福，卻忽視了前期的重要工作，那就是改過、去惡、止損、補漏。改變命運如同建房子，而改過、去惡、止損、補漏就是打地基，所積德行與福報就如同地基上的房子。如果地基沒有打牢，那上面的房子就是危樓。也就是說，先清理乾淨惡與過失的負能量，才能讓行善的正能量造福於人。

現實中的很多人，明明內心存在著很多汙垢，明明也犯了很多過失，明明也知道長此以往會累積出不好的結果，可是，又有幾人能夠把改過看成改變命運的基礎和起步呢？人們在想什麼？為什麼會這樣做？

看人容易看己難，看到也當沒看見；知過也會辯周圓，委罪他人裝笑臉；過不致死不起願，慢步走向罪深淵；得過且過混著走，誰知何時被審判；心中平視人世間，何人仰頭看天官；沒有成聖凌雲志，聰明只能落凡間。

當我們看清了種種局面，就可以進行一番自我拷問：

人對自己最大的惡是什麼？讓毒瘤在生命中長大。為何要讓毒瘤在生命中長大？若是能夠將其消滅在萌芽狀態，若是讓那片心田長出美好的品行，不是更加符合生命的利益嗎？

人最無恥的是什麼？把自己的過失委罪於別人，讓自己得到解脫。人們有時會痛斥某些無恥的行為，但也會把自己的過失委罪於別人，尤其是比自己弱的人，比如：父母不知自省，把自己的錯誤委罪於孩子；管理者不知道下屬犯錯是自己的過失導致的，把責任全部歸於下屬……認為自己永遠都是正確的，錯的永遠是別人，這樣的人，會贏得眾人的尊重嗎？會有人真心追隨嗎？

人最荒唐的是什麼？只要肉不疼、命不絕，就沒有改過的緊迫感。可是，真的有人不怕死嗎？到了命將絕之時，很多人內心都會充滿恐懼。此時此刻，還有多少機會呢？人可都是只有一條命啊！

人最自欺的做法是什麼？以為單件事、過去事、眼前事沒有被清算，可能就會過關；實際上，有一本帳一直在記錄，只是等到了一定程度再做審判。人不改小過而非要等到大錯出現嗎？任何的惡，一旦放縱，就會被放大，就會更加驕橫，就會到處亂竄，那些放縱自己的人，不知何時就被判官撞上了。

人生最大的生命機緣是什麼？是多吃多占？是榮華富貴？是光宗耀祖？從古

至今，大多數人的著眼點都在世俗層次上，陷入人間世俗名利無止境的爭端，如同一隻蟬，以為自己就是戴著殼在地下生存，卻不知要爬出地面，蛻掉外殼，長出翅膀，就這樣放棄了凌雲飛翔的機會。

這些事說出來，幾乎人人都知道有點荒唐，但現實中從不缺少這樣的人。他們也許衣冠楚楚，但生命中的靈竅沒有開啟，依然過著低等動物般的生活。有多少人思考過自己此生的連續進化之路？有多少人思考過在身體停止成長後如何讓靈魂繼續成長壯大？若是不能從動物性快速進化到道德性，再由道德性進化到神聖性，人生就只能在低層次徘徊了。

為什麼很多偉人英雄，我們仰視他們，尊重他們？這是因為他們在自己的肉體停止成長之後，打開了生命的天窗，讓自己的靈魂一直向上成長，讓自己的生命持續不斷地進化。

第33講　不知恥，就很難改過

俗話說：「人有臉，樹有皮。」《孟子．盡心上》中說：「人不可以無恥。無恥之恥，無恥矣。」羞恥之心，人皆有之。這是人和禽獸之間的一個重要區別。當然，人身上也有自然性，有人說是動物性或者獸性，人要在成長的過程中不斷地培養自己的社會性，提高道德修養，方能讓自己避免淪落為禽獸。

了凡先生透過自己的實踐，揭示了只行善不改過也無法改變命運的道理，緊接著又告訴我們若是不知恥，就很難改過。

【原文】

但[①]改過者，第一，要發恥心。思古之聖賢，與我同為丈夫[②]，彼何以百世可師？我何以一身瓦裂③？耽染塵情，私行不義，謂人不知，傲然無愧，將日淪於禽獸而不自知矣；世之可羞可恥者，莫大乎此。孟子曰：「恥之於人大矣。」以其得之則聖賢，失之則禽獸耳。此改過之要機④也。

【注釋】

①但：凡是。

②丈夫：男子漢。

③一身瓦裂：指修身失敗。

④要機：關鍵。

【白話】

凡是要改正錯誤的人，第一，要有羞恥心。想想古時候的聖賢，我們同樣是男子漢，為什麼他們能夠流芳百世，成為人們學習的榜樣？為什麼我的人生卻像破碎的瓦片一樣沒有價值？沉溺於世俗名利，私下做了許多不應該做的事，總以為別人不知道，依舊傲然無愧，沒有羞恥之心，逐漸淪為禽獸而不自知，人世間令人羞恥的事情沒有比這更大的了。孟子說：「一個人最要緊的就是要有羞恥之心。」有了羞恥之心，才可以成為賢人、聖人；如果沒有羞恥之心，就會淪為禽獸。所以知恥是改過的關鍵。

改過的第一步，是要**發恥心**。很多人之所以很難改過，是因為不知恥；之所以不知恥，是因為對自己的要求不高；之所以對自己的要求不高，是因為替自己確立的參考標準偏低，沒有找到更高的參考標準。即使是身體較弱的成年人，在孩子面前也是大力士；即使是很聰明的人，在天才面前也會有些自卑；即使平時修養很差的人，與罪犯相比似乎也是好人……你看，人間的事，就是這樣比較出來的，關鍵是你的標準是什麼。很多人心中的隱形程式是：用跟弱者的比較產生虛幻的強大感，來遮掩自己的虛弱和自卑，進而在虛幻的強大感中失去進步和變強的機會，就這樣過完了一生。

了凡先生給了我們一個啟示：想要改變命運，就要建立高層次的參考標準，比如要跟古代的聖賢相比，把比較的重點放在他們名垂青史的美德與功績上。在這種比較中，我們才能找到自己與他們的差距，才能為我們的低俗慵懶而感到恥辱；有了恥辱感，我們才會有改進的動力和進步的方向。

對於大多數人來說，改變命運的過程，就是人性進化的歷程，就是從動物性走向神聖性的過程。我們可以大致將其概括為以下三個階段。

第一個階段——動物性：雖為人樣，但心中更多是獸性，只看重自我和欲望，其活動也主要是在滿足自己的生理欲望。若是不能快速地進化到道德性的階段，人就與禽獸沒有什麼區別，甚至是禽獸不如。

第二個階段——道德性：隨著長大，生命中漸漸多了人的社會性、道德性、法律性，於是走出小我，建立與他人基本和諧共生的關係。當然，如果沒有從第一個階段成長到第二個階段，那就可能出現獸性發作，甚至是人性泯滅的狀態。道德性若是沒有神聖性的引領，就會在現實性的面前變得搖擺不定。

第三個階段——神聖性：若是有機緣接受聖賢的引領，就有可能將社會性、道德性和法律性等上升到聖賢的高度，直至成為聖賢之人，成為人間楷模，為後世所敬仰。有的人認為自己是普通人，不可能成為聖賢。豈不知，聖賢都是由普通人修行而成就的。退一萬步說，即使持續努力而終不能成為聖賢，也總可以持續不斷地接近聖賢，進而避免道德性的搖擺不定或在外部壓力與誘惑下走向動物性的深淵。

一個人，如果在年少之時有些荒唐，只要不傷及人命，總還是有被原諒的可能。但是到了成年階段，接受了很多教育，依然沉迷於私利，做一些害人利己的事情，甚至還很坦然地講述給別人聽，這本來是恥辱的事情，他卻不以為恥、反以為榮，這就是無恥的狀態了。

所以，對於改過這樣一個改變命運的基礎工作來說，改變參考標準，找到引領生命向前的光明力量，再提升知恥、斷恥的能力，充分認識無恥在人間所帶來之負面的漣漪效應和由此為自己帶來的災難性後果，也許就能激發改過的願望，產生足夠的動力了。

第34講　人為何要有敬畏之心？

人若是沒有了敬畏之心，就會讓小我膨脹，就有可能突破道德、人性和法律的底線，就會胡作非為，很容易走向墮落。若想讓命運變得更好，敬畏之心是必不可少的。了凡先生根據自己的經驗，提出了改過要發的第二心：**畏心**。縱觀歷史和現實，不難發現有大成就的人既有追求真理的無畏之心，也有對大道的敬畏之心。

【原文】

第二，要發畏心①。天地在上，鬼神難欺，吾雖過在隱微②，而天地鬼神，實鑒臨③之，重則降之百殃，輕則損其現福，吾何可以不懼？不惟是也，閒居之地，指視昭然。

【注釋】

①畏心：敬畏之心。

②隱微：隱祕、細微。

③鑒臨：監視。

【白話】

第二，要有敬畏之心。天地之神就在我們頭頂，鬼神難以欺騙；雖然我們的過錯在隱祕、細微的地方，但天地鬼神其實在監視著我們，過失嚴重的就降下種種災難，過失輕微的則減損現有福祉，我們怎麼可以不敬畏呢？不僅如此，哪怕是在獨居的地方，我們的所作所為，天地鬼神也像觀察自己的手指一樣看得清清楚楚。

做壞事的人有個普遍的心理：偷偷摸摸地做，反正別人也看不見。了凡先生說，天地鬼神欺不過，因為它們始終在審視著人間，任何人的善惡都逃不過它們的眼睛。有人說：「這是封建迷信，天地間哪裡有鬼神哪？嚇唬小孩還行，我才不信呢！」這樣的人看起來頗聰明的，也是反封建迷信的，只是他們還沒有弄明白以下五個問題。

第一，天地間有無數的存在是人的肉眼看不見的，甚至用科學儀器也無法發現。世界各個民族的文化中都有類似「鬼神」的表述，而且有很多大德之人贊同這樣的說法。他們闡述了很多我們理解不了的智慧，似乎進入了一個神祕的世界，而我們進不去，自然用肉眼也看不到。我們既沒有充分的證據和理由去否定，也沒有充分的證據和理由去肯定那個世界的存在。那就先別下結論，不相信也不否定，這樣是否可以呢？

第二，覺醒並不難，怕的是一直裝睡。如果我們不相信有一種看不見的力量在監督我們，我們會怎麼做？一些道德薄弱的人就可能會突破人性的底線。於是，惡越作越大，自己越來越迷惘，甚至眾人皆知，唯己最迷惘。如此下去，還會有好結果嗎？這樣做下去，難道就能獲得個人追求的最大利益嗎？

第三，不同文化中的多種說法無非是讓人不要無所顧忌，要懂得自律。若是將這種看不見的力量作為一種文化法則的形象化表述，在意識上將其作為文化道德法則的實質化功能，如民間流傳的「頭頂三尺有神明」，這種力量就會約束我們的獸性，使我們的道德之心更加堅定，而且會讓我們時刻保持敬畏，有自律的覺悟，對我們的人生會產生積極的影響。

第四，算算帳，懂得敬畏不就能讓我們規避災禍嗎？若是我們不相信有一種神祕的力量在監督著我們，放肆任性地作惡，難道就不會付出代價嗎？有一些人狂妄地聲稱什麼也不信，於是放開手腳胡作非為，最終哪有不付出沉重代價的？為何非要透過胡作非為來證明是否有人或力量在監督我們呢？心懷敬畏，把自己的精力和心思放在做正道上的事不好嗎？

第五，敬畏若能轉化成只走行善一條路，也是一種自救的方法。也許有人不信這些，但能夠堅持不做壞事，但行好事，還願意透過修行讓自己變得更好、更有智慧。這樣的人也許有一天就會悟道，會發現聖人們說的那些話都是真的。

很顯然，了凡先生相信了那些猜想，於是心中生出了能夠讓他改過和不犯大錯的精神法則：**常懷敬畏之心**。

將相信的力量變成生命意識的重要組成部分，就如同安裝了攝影機，隨時監控著自己，也就杜絕了非分之想和僥倖之心。人到了這樣的狀態，就不用在相信與不相信之間來回搖擺了，這樣是不是就能夠減少心靈能量的消耗呢？是不是就能夠把全部的心力都集中在正道上呢？讓自己進入這樣的狀態不好嗎？那些成為偉人和聖人的人，不都是因為走出了那種狀態，相信了偉大的力量而成就了偉大嗎？

第35講　看不見的力量實則很強大

在現實生活中，人們面對的不全是常規意義上的科學問題，有很多並非科學問題，但也絕非迷信，而是屬於道德意識領域的問題。在這個特殊的領域中，自有其特殊的規律。若非要用科學思維來說，那就是有形與無形兩種力量的相互轉換和相互作用。即使是無形的力量，也能夠發揮實質性的作用。這才是人類文明中的科學理性精神之精髓。

【原文】

吾雖掩之甚密，文之甚巧，而肺肝①早露，終難自欺；被人覷破，不值一文矣，烏得不懍懍②？

【注釋】

①肺肝：內心世界。

②懍懍：畏懼、敬畏。

【白話】

雖然我們掩蓋得很隱祕，掩飾得很巧妙，但是內心世界早已外露，很難欺騙自己；一旦被人看穿，就不值一文了，我們怎麼能夠沒有敬畏之心呢？

有的人完成了改過的第一步，也就是知恥，但依然沒有很好地去改過，那是因為他們沒有敬畏之心。為什麼會這樣呢？因為他們只知道使用科學知識，卻不懂得科學精神與理性思維，而將鬼神之類的存在簡單地視為迷信。

毫無疑問，人類要同時面對兩類問題：一是科學問題，二是道德意識問題。我們不能簡單地套用科學思維去思考人類意識領域中的道德問題，因為道德意識是有其自身規律的人文現象，順著道德意識的特殊規律走下去，有很大機率能夠摸索出命運的特殊規律，觸摸到那扇光明之門。

人類學習科學知識以後，會掌握運用科學思維去思考科學問題的方法與能力。但與此同時，人類還需要處理道德問題，以安排自己的精神生活。可是，並非所有人都經歷了道德意識方面的專業訓練，於是，就會出現這樣一種怪現象：有一些在專業領域很優秀的人，在道德修養方面卻存在著不足。在道德意識薄弱的時刻，他們會自欺欺人地認為，自己的過失沒有被別人看見，或者自己有能力擺平，或者有後臺保護，總之就是可以蒙混過關，甚至會有人公開叫囂：「我就這樣了，你能把我怎麼樣？」這樣的人，道德意識的成熟度明顯與他們的身分、年齡甚至地位是嚴重不符的。道德意識領域中的因果律遠遠超出他們的認知和掌控範圍，以至於他們毫無顧忌地種下惡因，以為不會收穫惡果；殊不知，在因果律這樣的大道面前，眾生都是平等的，正所謂「天道好輪迴，蒼天饒過誰？」

用科學精神與理性思維，也可以更好地解釋人間道德意識領域中的現象。科學重視事實，難道做了不好的事這種事實，只要別人看不見，就可以當作沒發生或者不存在嗎？人類所做的惡事本身就是一種事實，即使當下沒有被別人看見，但它就在那裡，被人發現只是時間早晚的問題。

用心理學的觀點來審視，也可以說清楚。若是一個人做了惡事，即便沒有被別人看見，這件惡事也會與這個人的良知發生衝突，這個做了惡事的人內心就會受到折磨，如被毒蟲噬心一般。從客觀與主觀相互作用的角度來說，做了惡事就如同種下了惡因，惡事與良知的衝突就會在意識中形成一種力量，這種力量不僅會折磨作惡之人的心靈，還會降低他的心智、損害他的健康。他內心這種持續不斷的能量運動會呈現在神態上，表現在表情上，正所謂「相由心生」。惡性力量不斷蓄積和膨脹，就會形成毀滅性的力量。

當然，現實中有很多惡事是相對輕微的，往往也不會馬上受到懲罰，於是作惡者就會產生對自己沒有害處的錯覺。豈不知，惡因只要種下，就會像病毒一樣瘋狂繁殖，並到處傳播，讓越來越多人知道他的品行，於是就會讓他失去人們的信任，漸漸地就會毀掉他的生活和事業。

因果律，這是一種通行於科學領域與道德意識領域中的天地大道，唯一不同的是：在科學領域要透過科學手段發現因果作用才算是科學，而道德意識領域中的因果作用往往是有形和無形之間的相互轉換，很多時候是由當事人的內心感受來證明的。能夠同時駕馭科學精神與理性思維，並能夠隨時轉換使用的人，就能擁有更美好的人生。

第36講　世上真的有「後悔藥」

我們常常聽見這樣的調侃：「藥店裡有很多藥，但就是沒有後悔藥。」一些犯了嚴重罪行的人，在被抓捕之後醒悟了，痛哭流涕地懺悔，我們看到之後也只能搖頭：「早知如此，何必當初。」

很多人不知道，真的有一種叫作「後悔藥」的東西。這個後悔藥不是科學領域的，而是道德意識領域的。透過實踐改變了自己命運的了凡先生，就主張人要懂得及時吃後悔藥。

【原文】

不惟是也。一息①尚存，彌天②之惡，猶可悔改。

【注釋】

①一息：一口氣。

②彌天：滿天。

【白話】

還不僅如此。人只要有一口氣在，即使有彌天大罪，也可以悔改。

了凡先生告訴人們，只要還有一口氣在，就可以吃後悔藥，**只要啟動僅存的一絲良知，就還有希望，就有蛻變重生的可能**。很多人之所以走向罪惡的深淵而越陷越深，就是不知道吃後悔藥。有人可能在想：若是有人犯了很大的錯，吃了後悔藥就沒事了嗎？

這就是問題的癥結所在。假如你是犯錯的人，你當然期望吃了後悔藥就徹底沒事了，就像什麼也沒有發生過一樣。假如你是別人做壞事的受害人，你願意接受對方的道歉與懺悔而免除他的一切責任嗎？話說到這裡，我們就明白了，**吃後悔藥不**

是抹掉已經發生的過失、錯誤或者罪惡，而是不繼續淪陷，就此止住錯誤的腳步或者縮回罪惡的手。

有人會說：「那還叫什麼後悔藥呢？我還以為吃了就徹底好了呢！雖然認錯了，但還避免不了懲罰，這也沒什麼用啊！」若是這麼想，就大錯特錯了。吃後悔藥的本質是啟動生命中一種高貴的力量：良知。良知被啟動，就能改變命運的發展方向，即使無法找到人生的最優解，也能達到次優或避免最差。

【原文】

古人有一生作惡，臨死悔悟，發一善念，遂得善終者。謂一念猛厲①，足以滌②百年之惡也。

【注釋】

①猛厲：猛烈、決絕。

②滌：洗刷。

【白話】

古代有人一輩子作惡，臨死時悔悟了，產生了善的念頭，就得到了善終。因為他強烈的悔改之心和猛烈的行善之念頭，足以洗刷他一生的罪惡。

你看，道德意識領域裡的力量多麼迷人哪！即使一生作惡，死前突然醒悟，一念良知復活，足以洗掉一生罪惡！說到這裡，有人可能又要抬槓：「如果死前醒悟都能免罪，那就隨意犯罪，到死前再拯救自己吧！」可是我們別忘了，作惡的人從作惡時起，就受到良知的煎熬了，在那種漫長的煎熬中能活多久呢？作惡一旦沒有了顧忌，那不就是作死嗎？

【原文】

譬如千年幽谷①，一燈才照，則千年之暗俱除；故過不論久近，惟以改為貴。但塵世無常，肉身易殞②，一息不屬，欲改無由矣。

【注釋】

①幽谷：幽暗的深谷。

②殞：死亡。

【白話】

這好比千年來始終黑暗深邃的山谷，只要有一盞燈照進去，黑暗就完全消除了。因此，過錯無論是最近犯的，還是很久以前犯的，只要改正，就很可貴。但是世事無常，肉身容易死亡，一旦一口氣上不來，就是想要改過，也沒有機會了。

由此可見，道德意識領域是人性化的，裡面充滿了慈悲，充滿了機會，充斥著各種境遇下的最優選擇。

儘管如此，我們也不要放鬆自己，因為塵世無常。若是還沒有來得及改過就去世了，會怎麼樣呢？

【原文】

明①則千百年擔負惡名，雖孝子慈孫，不能洗滌；幽②則千百劫沉淪獄報，雖聖、賢、佛、菩薩，不能援引③。烏得不畏？

【注釋】

①明：指在人世間。

②幽：指在陰間。

③援引：救助。

【白話】

在人世間，千百年都背負著惡名，即使有孝順仁慈的兒孫，也不能為你洗除；在陰間，千百劫沉淪在地獄裡受苦報，就是聖、賢、佛、菩薩，也不能救助你。怎麼可以不畏懼呢？

了凡先生告訴了我們一個道德意識領域的規律：每個人的因果，主要由自己承受和消解，別人即便能幫一點忙，也不能發揮關鍵作用。人如果作了惡、犯了罪，這樣的陰影也會影響到自己父母、配偶、兒孫的心氣狀態，這也是作孽吧？即便這個人已經死了，別人不再追究他的責任，他的親人也要付出長久的代價。這樣的人是不是太自私了？

人非聖賢，孰能無過？活著的人都有缺點，做事的人都會有過失。了凡先生的實踐告訴我們，自己的過失和錯誤就是自己的負債，早還早了。發現過失就要立刻去改，不要累積到一定程度才發現無處下手。即使過失和錯誤再多，也不要破罐破摔，只要發大願痛改前非，就能開啟新生。能夠認錯改錯，這本身就是在增長自己的美德，如同生病了找醫生醫治一樣，病好了，身體就恢復健康了。自己犯下的過失和錯誤，不會隨著時間的流逝而消失，唯有積極地改過和加倍地行善積德，才能讓人生的帳恢復平衡，說不定還能收穫點利潤。即使是一息尚存，也要勇敢地讓自己活在良知中，而不能讓自己死在罪惡的深淵中。

第37講　人活一口什麼氣？

你見過「活而無氣」的人嗎？也許，你聽到這四個字覺得很詫異：「不對呀，人活著的時候就是要有氣呀，沒氣了怎麼還能叫活著呢？」按照我們的常識來理解，人活著就是有氣，沒氣了就是人死了。但這講的是人的生理方面。你想過人還有精神和靈魂方面的氣嗎？現實當中很多人活得死氣沉沉，雖然還活著，身上卻有了死氣；也有不少人活得朝氣蓬勃，這不僅僅限於年輕人，一些活明白了的老年人，依然活得朝氣蓬勃。這不就是完全不同的生命狀態嗎？

可能會有人說：「誰也不想活得死氣沉沉，可是誰知道人的精氣神到底跑哪去了？」簡單來說，這與精氣神管理有關，主要涉及三個方面的問題：第一，是否有崇高的志向可以吸收天地之氣？第二，平時是否持續學習，為自己的靈魂充電？第三，在遇到問題或者困難導致漏氣、洩氣時，自己是否不斷地修理、修補自己？

「改過」實際上就是自己修理自己。生活中，有太多事情會消耗人的精氣。每個人或多或少都會有些或大或小的毛病，會犯一些過失，會鬱悶、憤怒、憎恨、發脾氣等，這些都是耗氣的。若是明知自己有這些毛病，但就是下不了手去改正，一次次地放過自己，讓毛病不斷地增多，變得嚴重，整個人的狀態就會越來越差，命運就會變得越來越糟。所以想要改過，就要從現在做起，不要拖延。

透過自省，了凡先生認為不管是不能考中科舉還是不能生子，都跟自己內在的毛病有關。了凡先生成功地改變了自己的命運，他的重要經驗之一就是對自己的毛病下手要狠。了凡先生在開導兒子如何改過時，說到了第三個發心：**勇心**。

【原文】

第三，須發勇心。人不改過，多是因循退縮；吾須奮然[①]振作，不用遲疑，不煩等待。

【注釋】

①奮然：發奮的樣子。

【白話】

第三，要有勇猛心。一個人之所以不改過，大多是因為循舊習而退縮。我們一定要發奮振作，不能遲疑，不能等待。

無論是做人還是做事，都要有善心、善法。善心要純正，善法要精準。當然，還要把握好時機，拿捏好分寸。改正自己的過失或者錯誤時，則不可遲疑，要當下就改。有很多人雖然有改過之心，卻輸在猶疑不定，不能當下決斷上。

會出現這樣的問題，比較普遍的原因有三個：一是不甚緊急，沒有外部強力的壓制，即使不改正，也不會馬上付出沉重的代價；二是對改過的緊迫性和不改過的危害性認識得不夠深刻，導致改過的內在驅動力不足；三是苦頭吃得不夠，內在的力量不夠強大，所以就沒有形成修理自己、雷厲風行的作風。

【原文】

小者如芒刺[①]在肉，速與抉剔；大者如毒蛇齧[②]指，速與斬除，無絲毫凝滯。此風雷之所以為益也。

【注釋】

①芒刺：小刺。

②齧：咬。

【白話】

小的過失就像小刺扎在肉裡，要盡快把它拔出來；大的過失就像被毒蛇咬了手指，想保命，就要馬上把手指砍掉，不能有絲毫猶豫。這就是雷厲風行的好處。

此處了凡先生引用《易經》的第四十二卦益卦來說明改過的風格與益處。本卦是巽卦相疊，下卦為震，上卦為巽。巽為風，震為雷。當雷聲大作時，震起巽風，就使地上的萬物得益。了凡先生在此處引用，主要取其「雷厲風行」之意，跟高效執行力有點類似。與之相反的表現就是口頭答應，但行動上拖拖拉拉。在自己改過一事上如果也是如此，就會一再自誤，導致過失和錯誤蓄積，讓自己越來越墮落。

了凡先生在講解了改過的「三心」之後，做了個總結。

【原文】

具是三心，則有過斯①改，如春冰遇日，何患②不消乎？

【注釋】

①斯：就，馬上。

②患：擔心。

【白話】

具備了羞恥心、敬畏心和勇猛心，有了過失就能馬上改正，就像春天的薄冰遇見了陽光一樣，還擔心它不消融嗎？

總聽人們說「人就是活一口氣」，是什麼樣的一口氣呢？
面對自己的過失和錯誤，需要一口勇氣；
日常生活中與人相處時，需要一口和氣；
面對困難眾人皆猶豫時，需要一口霸氣；
出現混亂眾人皆躁動時，需要一口靜氣；
眾人爭利而出現糾紛時，需要一口大氣；
身分卑微而遭人打壓時，需要一口志氣；
帶領眾人一起幹大事時，需要一口神氣；
眾人昏沉致局面汙濁時，需要一口清氣；
有人想誘惑和收買你時，需要一口骨氣；
處高位面對芸芸眾生時，需要一口客氣；
面對陳舊腐朽的事物時，需要一口銳氣。
大家看看，「人就是活一口氣」，這「一口氣」就是主導那個特殊局面的靈魂。

我們若是對改過缺乏勇氣，那就是處在靈魂之力不足的狀態。當然，靈魂之力的提升不是一朝一夕的事。但改變自己的過失與錯誤這種事又時不我待，若能有緣遇到貴人相助，借勢雄起，自己的生命就會頃刻間進入一個新的階段、一種新的狀態，進而打開一個新的世界。

第38講　改過先從事上開始

世上有很多種職業，幾乎每一種職業都有自己的一套技術，有了技術，才能更好地傳承。了凡先生不僅用自己的人生經歷證明了改變命運的原理，還總結出了一套方法，這值得我們高度重視。也許我們可以在了凡先生的基礎上，進一步發展出更加完備的技術體系。

了凡先生提到了改過的三個切入角度。

【原文】

然人之過，有從事上改者，有從理上改者，有從心上改者。工夫不同，效驗亦異。如前日殺生，今戒不殺；前日怒詈①，今戒不怒；此就其事而改之者也。強制於外，其難百倍，且病根②終在，東滅西生，非究竟廓然之道也。

【注釋】

①詈：罵。

②病根：指犯錯的根源。

【白話】

但是，人的過失，有從事上改的，有從理上改的，也有從心上改的。方法不同，效果也就不一樣。比如以前殺生，今後不殺生了；以前發怒罵人，今後不發怒罵人了。這就是從事上改。從外面強制自己去改正，百般艱難，而且犯錯的根源一直存在，改正了這個過失，又犯了那個過失，這不是徹底改正過失的辦法。

很多人雖然有改過的經歷，但對於改過的規律了解得不深、不透，因此改過的效果也不是很好。就如同生病看醫生時，沒有確診，就草草地進行了一些治療，可想而知，這樣的治療效果能好到哪裡去呢？

現在的教育很發達，有各式各樣的專業課程，但關於人生或者生命的立命與改過，似乎沒有專門的課程，沒有成體系的技術方法，因此很多人都是按照自己的思考進行改過的，方法自然也就五花八門，其效果也就差異很大。這是值得我們認真反思的。

那什麼是從事上改呢？所謂的從事上改，就是改變處理事情的態度與方法。因為任何人的態度與行為都是由內在思維之理和心性發源之根決定的。如果只是解決末梢而不解決內在的根本與過程，當然就很難除根，因此只能算是下策。

從事上改過，是從行為上改變，而不是從內心改變。有些人嘴上承認自己錯了，心中那犯錯的根源卻沒有去除，依然覺得自己有理，承認錯誤只是無奈之舉；或者覺得自己冤枉，自己是受人驅使，不是始作俑者。若是停留在這種狀態，只要外部環境稍有機會，就會舊病復發。如同人因為感染細菌而發燒，只是吃了點退燒藥，卻沒有殺死細菌，這樣的治療有可能會讓感染進一步延續或者擴大。所以，僅僅從事上改過，就不是徹底的改過，可能僅僅是一次會帶來更嚴重後果的虛假改過。

也許有人會問，既然從事上改看似必要，但又不是最重要的，為什麼還要從這裡開始呢？按照從內到外、從根到梢的順序依次改過不是更好嗎？

要回答這兩個問題，就不得不提四個重要的方法論。

第一，及時止損。我們的行為會直接導致一些後果，若是不能控制這些行為，我們要付出的代價就會增加，所以及時止損不失為明智之舉。比如脾氣不好的人要懂得制怒。很顯然，怒氣跟人的內在修為、價值觀、思維方式與處理問題的方法有關。但內在的改變不是一朝一夕的事，所以首先要止住這種負面情緒，避免在負面情緒下思考和行動，從而避免在衝動之下導致問題惡化或者製造新的問題。這是不是很重要，也很急迫呀？

第二，製造緩衝。人的內在問題沒有得到徹底解決，也就無法在態度與行為上找到解決問題的理想方法。哪怕是並不徹底的、並不理想的方法，只要能夠有效地減緩事情惡化，就能為自己贏得一些緩衝時間，在這段時間裡，我們就有可能找到更好的方法。

第三，激發靈智。面對眼前要處理的一些緊急問題，即便我們事先沒有做好準備，也可能會有意外的收穫，那就是會激發我們的靈智——靈機一動，想出一個超出自己過去知識與經驗的非常規方法。對很多人來說，無法事先做好一切準備，在遇到事情時能夠激發靈智，也不失為一種積極的策略。

第四，印證智慧。也許我們對於自己過去的經歷還是信心滿滿的，但若遇到新的情況，過去的智慧是否依然靈驗和有效，則只有透過行動和最終的結果來證明。

如此說來，從事上改很有必要，儘管這不是最徹底的，但是也有其積極的、正面的意義與價值。

第39講　改過要從理上梳理清楚

我們的任何行為，背後都有一個驅動的力量，就是我們認為正確的「理」。如果行為和結果出了問題，就要反思我們認為的那個理錯在了哪裡。當然，不少人會本能地選擇為自己辯護，覺得自己的理沒有錯，若是這樣，也就是沒有真正認錯，那還會改過嗎？所以，想要真正改過，就要深入到理上。

【原文】

善改過者，未禁其事①，先明其理。

【注釋】

①事：錯誤的事情。

【白話】

善於改正過失的人，在強制自己不要做一件錯事之前，一定要先把其中的道理弄明白。

想要改正外部的行為過失，先要從內在的理上找原因。也就是說，你之所以那樣做，必然有自己內在的道理，這個道理，就是外在行為的驅動力。找不到這個驅動力，行為就很難真正改過來。

改內在的理，首先要找到自己的理錯在哪裡。若是沒錯，緣何去改？若是沒有醒悟到自己的錯，即使迫於外部壓力去改，也不是真改。若是有錯，緣何不改？若是百般抵賴，豈不是錯上加錯？留著這樣的錯豈不是在育未來災禍之種？

了凡先生用自己經歷的兩個事例，來說明如何去挖掘行為背後的理，又如何去改變內心的那個理。

第一個事例是殺生。

【原文】

如過在殺生，即思曰：上帝好生，物皆戀命，殺彼養己，豈能自安？且彼之殺也，既受屠割，復入鼎鑊①，種種痛苦，徹入骨髓。己之養也，珍膏②羅列，食過即空；疏食③菜羹，盡可充腹，何必戕④彼之生、損己之福哉？又思血氣之屬⑤，皆含靈知⑥，既有靈知，皆我一體，縱不能躬修至德，使之尊我親我，豈可日戕物命，使之仇我憾⑦我於無窮也？一思及此，將有對食傷心，不能下咽者矣。

【注釋】

①鼎鑊：古代的烹飪器物，相當於現在的鍋。

②珍膏：珍貴的食物。

③疏食：粗茶淡飯。

④戕：殺害。

⑤屬：種類。

⑥靈知：有靈性，有知覺。

⑦憾：怨恨。

【白話】

比如，在犯殺生之過之前就想到：上帝（造物主或者天地造化的一種稱謂）愛護生靈，任何生物都是愛惜自己生命的，殺了牠們來供養我們，怎麼能心安呢？況且牠們被殺，既受宰割，又被放進鍋裡烹煮，種種痛苦，透徹骨髓。我們養活自己的餐食，即便是滿桌的珍饈美味，吃過之後就什麼都沒有了；粗茶淡飯也完全可以飽腹，何必一定要殺害生命，去折損自己的福報呢？又想到有血有肉的生物都是有靈性與知覺的，既然有靈性與知覺，就應該是我們的同類，縱然我們不能修得很高的道德，讓牠們尊重、親近我們，又怎能殺害牠們，使牠們沒有期限地怨恨我們呢？一想到這些，面對著這些食物我們就會感到很難過，難以下咽了。

第二個事例是制怒。

【原文】

如前日好怒，必思曰：人有不及①，情所宜矜②；悖理相干，於我何與？本無可怒者。又思天下無自是之豪傑，亦無尤人③之學問；行有不得，皆己之德未修，感未至也。吾悉以自反④，則謗毀之來，皆磨煉玉成⑤之地；我將歡然受賜，何怒之有？又聞謗而不怒，雖讒焰薰天，如舉火焚空，終將自息；聞謗而怒，雖巧心力辯，如春蠶作繭，自取纏綿⑥。怒不惟無益，且有害也。其餘種種過惡，皆當據理思之。此理既明，過將自止。

【注釋】

①不及：做得不好的地方。

②矜：憐憫。

③尤人：歸咎於人。

④自反：回過來要求自己。

⑤玉成：琢磨成玉，比喻透過磨煉使人有所成就。

⑥纏綿：糾纏，煩惱。

【白話】

比如以前喜歡生氣，就一定要想到：別人做得不好的地方，按情理我們應該同情他；別人不講道理來冒犯我們，與我們有什麼關係呢？所以，本來就沒有什麼可以生氣的。又想到天下沒有自以為是的豪傑，也沒有歸咎於別人的學問；自己的行為沒有得到別人的認可，是由於自己的德行沒修好，不能感化別人。凡事都要從自己身上找原因，把別人的謗毀都當作磨煉我們、幫助我們，使我們有所成就的好機會。我們應該歡喜地接受這些恩賜，有什麼好生氣的呢？

再者，受到別人誹謗時不要生氣，哪怕謠言氣焰囂張薰天，也像拿著火把燃燒天空一樣，沒有什麼東西可燒，火自己就熄滅了。如果受到別人的誹謗就生氣，即便用心去申辯，也是作繭自縛，自找麻煩。生氣不僅無益，而且有很多害處。至於其他種種過錯和罪惡，都應當根據道理去細細思考。道理想明白了，各種過失自然就不會再犯了。

古時的「學問」是講究如何做人，如何修養德行的，正所謂「讀書志在聖賢」。他人之謗毀，是在消除我們的業障，增強我們的能力，磨煉我們的意志，提升我們的境界，所以說它是「磨煉玉成之地」。「吾悉以自反」這一方法十分有效，我們要常常以責備別人的心來責備自己，以寬恕自己的心來寬恕別人。聞謗不怒、不答，真是止謗的妙法！

外在的行為，是由內在的理所決定的。若是找不到理上的錯誤之根，外在的改過就不可能自覺自願地發生。若是模模糊糊地從行為上認錯改過，卻並不清楚這種過失之所以被稱為過失的真正道理，改過的效果就會很差，後續的行為也很難持久，因為任何外在的行為，都是由自己內在所認為的道理決定和驅動的。

了凡先生舉了兩個自己親身經歷的「從理上改」的例子，就是想讓人們明白，只有**明白了內在的理上的錯誤，外在的行為才會得到真正的改變**。這有點像是釜底抽薪：一口大鍋裡的湯，因為沸騰而溢出來了，那就要採取兩個動作，先把鍋蓋打開，再把鍋底的火撤掉。

如果一個人知道著急、發脾氣不僅會傷害別人的感情，還會傷害自己的身體，嚴重背離自己所追求的真正目標和看重的人生利益，就會降低自己著急、發脾氣的頻率。

如果一個人知道超重會為身體各個器官帶來多麼沉重的負擔，就能真切理解各個器官的痛苦，主動採取行動去減輕自己的體重。

如果一個人知道自私自利會被很多人瞧不起，讓別人在未來對自己產生負面的看法，反而違背了自己未來的利益，就會摒棄自私自利的想法，升級自己追求的利益和實現利益的方式。

如果一個人看過牲畜被屠宰時的慘痛模樣，聽過牠們被宰殺時的痛苦嚎叫，知道過度食肉帶給生命的具體危害，也許就會降低對肉食的喜愛，多吃一些素食。

總之，改過不能僅僅是改變一種做法，而是要從道理上弄明白，透過明理而改變行為。這是改過的中策。

第40講　改過的根本是從心上改

人生就像一場演出，歷時幾十年，悲劇與喜劇都會上演。我們就是演員，那編劇和導演是誰呢？古人在兩千多年前就已經發現了人生的導演叫作「心」。可是這個「心」在哪裡呢？

佛祖曾經帶著他的弟子阿難七處徵心，可見對於專業的修行者來說，找到自己的心都那般不易。然而覺悟的聖人們又明明白白地告訴我們：我們的本心都是充滿光明的，只要把個人的惡欲剔除，人生就會變得富足。道家的老子更是告訴我們「致虛極，守靜篤」六字法門，只要心中虛靜到沒有一絲雜念，這個世界的真相就會全部呈現。奔波於紅塵中的我們，恐怕都覺得這樣的境界離自己甚遠。

那適合我們這些凡人的改命法門又是什麼呢？

【原文】

何謂從心而改？過有千端①，惟心所造；吾心不動，過安從生？學者②於好色、好名、好貨、好怒種種諸過，不必逐類尋求，但當③一心為善，正念現前，邪念自然汙染不上，如太陽當空，魍魎④潛⑤消，此「精一」之真傳也。過由心造，亦由心改，如斬毒樹，直斷其根，奚必枝枝而伐、葉葉而摘哉？

【注釋】

①千端：千萬種。

②學者：求學問的人，修養道德的人。

③但當：只要。

④魍魎：妖魔鬼怪，此處比喻各種過失。

⑤潛：祕密地，不聲張地。

【白話】

什麼叫作從心上改過呢？過失有千萬種，都是從內心產生的；如果我們的心不起壞念頭，過失怎麼能夠產生呢？修養道德的人，對於好色、好名、好財、好怒等各式各樣的過失，不用一種一種地去尋找改正的方法，只要一心為善，邪念自然就不會出現；就像太陽升上天空，妖魔鬼怪就會悄悄逃走，這就是「做人要精誠專一」的真傳哪！過失是從內心產生的，所以也要從心上改正，如斬毒樹，直接斷掉它的根就可以了，何必要剪掉一根一根的樹枝，摘掉一片一片的葉子呢？

【原文】

大抵①最上者治心，當下清淨；才動即覺，覺之即無；苟未能然，須明理以遣之②；又未能然，須隨事以禁之。以上事而兼行下功，未為失策；執下而昧上，則拙矣。

【注釋】

①大抵：大體上看。

②遣之：送走。

【白話】

大體上看，最好的改過方法就是修養心性，隨時隨地進入清淨的境界；只要邪念剛一萌發，立刻就會覺察，一旦覺察，立刻就會把它清除掉；如果還沒有做到這一點，就必須從理上改，弄明白道理以把邪念清除；如果這一點也無法做到，就必須從事上改，根據具體的過失去糾正。運用上策改過的同時，運用一些中策、下策，這不算失策；只用中策、下策，而不用上策，就是愚昧了。

從心上改過，這是改過的上策。「萬法唯心造」，是我們的心導演了人生中的一切。請注意，這可不是什麼唯心主義。很多人搞混了兩個相似的概念：唯心主義和唯物主義說的是世界本原或者世界第一性的問題，而「萬法唯心造」說的是人生智慧問題。了凡先生在改過的方法上，向我們演繹了一個基本的邏輯，就是「心－理－事」，「心」是後臺的編劇，「理」是組織演員演出的導演，而「事」就是出場演出的演員了。

一部戲的根本在於編劇，情節上能否動人心弦在於導演，而能否把觀眾拉入劇情中，就要看演員的功夫了。每個人都想為自己編導出精彩絕倫的人生，但現實的人生往往不是這樣，以至於一些人感慨人生時會說「人生之不如意事十之八九」。

世界上的各種文明、中華文化中的各個學派，都或多或少地會提到人心的問題。在這裡，我們不討論各種玄之又玄的理論，只想與大家一起思考一個問題：人的心裡到底住著什麼？

當我們遇到一件特別的喜事，就好像有一種歡喜住進了我們的心。於是，我們再看這個世界時，會感覺處處都是歡喜：很多平時覺得沒什麼意思的事情，也變得有趣起來；對於平時看不慣或者嗤之以鼻的人和事，也可以包容了。換言之，我們看到的一切彷彿都發生了變化。很顯然，那件喜事是這一切變化的關鍵。

當然，過了一段時間，那件喜事在記憶中就會變得越來越模糊。於是，我們漸漸地回到了一種起伏變幻之中：心情好的時候，覺得這個世界還不錯；更多的時候心裡有種說不清、道不明的無聊與落寞，於是我們眼中的世界也變得有點糟糕。若是遇到了令自己很不開心的事，有一個叫「不開心」的小傢伙就會住進我們的心，就像個搗蛋鬼一樣，指揮著我們的頭腦思考一些骯髒和卑鄙的事情，再讓我們表演出來。我們的大腦、嘴巴和手腳合在一起，讓自己變成了一個提線木偶。

在現實生活中，有兩類具有非常典型的心靈狀態的人：一類是心中住著善的人，一類是心中住著惡的人。心中住著善的人，禮貌、寬容、和氣、友善，即使別人對他們有所冒犯，他們也總是能夠微笑著回應。因為他們的大腦在善的引領下確定善是正確的，嘴巴和手腳就會接到大腦相應的指令，處處言人之善，對人時時行善。於是，善就會不斷地累積和延伸，最終堆砌成為善者的命運。心中住著惡的人，則冷漠、粗魯、挑剔，愛指責別人，即使別人沒有冒犯他，他也總是不懷好意地攻擊別人。同樣，這是因為他們的大腦在惡的引領下將自私和邪惡視為正確的，嘴巴和手腳也會接到大腦相應的指令，處處言人之惡，處處為自己謀劃和算計，甚至不擇手段，即使會傷人也要達到利己的目的。於是，惡就會不斷地累積和延伸，最終堆砌成為惡者的命運。

明白了這樣的過程，我們就要思考如何讓善住進心裡。這是中華聖賢文化的價值所在，也是了凡先生能夠改命的關鍵。心中守住一個善念，理解善的原理，為我們的生命安裝上善至善的人生信仰，這就是所謂的「善護念」。這樣，善良就會把我們引向光明的方向。當我們知道了人生最佳的選擇之後，一直奔向那片光明，改變命運也就不是什麼難題了。

第41講　改過後會有什麼吉象？

在人類文明史中，那些開宗立派的文化大家，都是他們的思想理論的親歷者、親證者，他們既是自己思想理論的樣板，也是後世的楷模。了凡先生把自己學習到的知識與方法運用到自己的身上和自己的家庭中，並取得了實際效果，改變了命運。《了凡四訓》就是他的知識、智慧與方法的彙集。

了凡先生那樣真誠地去改過，取得了什麼樣的效果呢？

【原文】

顧①發願改過，明須良朋提醒，幽須鬼神證明。一心懺悔，晝夜不懈，經一七、二七②，以至一月、二月、三月，必有效驗。

【注釋】

①顧：但是。

②一七、二七：一個七天、兩個七天。

【白話】

但是，發願改過，在人世間必須要有良友提醒，在肉眼看不見的空間須有鬼神作證。全心全意懺悔改過，晝夜都不鬆懈，經過一個七天、兩個七天，以至一個月、兩個月、三個月，就一定會有效果。

修行改過，需要有一明一暗兩個切入點。

在修行中，弄懂聖賢的道理是最重要的。但僅僅懂得了道理，還不能真正進入到修行的軌道。因此，就需要與道理相配的方法與道具。若是沒有找到合適的方法與道具，就很難把修行這樣一件重要的事落到實處。至於這些方法與道具叫什麼名字，倒不是最重要的，重要的是它們的功能和作用。

了凡先生在發願改過的歷程中，把一明一暗兩種力量作為自己改過的考官：明的就是有美好品德的朋友給自己的印證、指導和糾偏，而不是完全依靠自己的主觀感覺；暗的就是看不見的力量，猶如神明時刻監督著自己，讓自己不會偷懶或者投機取巧。明著的力量還好理解，這暗著的力量因為肉眼看不到，就讓一些人有點費解。肉眼看不到的並不代表不存在，用科學思維去想，那也許是一種宇宙自然的秩序；如果人作惡，就會觸動那種秩序，然後遭到反彈，即使一時沒有感到反彈的力量，這種力量也在蓄積，直到某個時刻以一種特別的方式來教訓或者啟迪我們。只要是用於我們個人改過和進步，什麼叫法倒也不必過於計較，就權當是我們修行中使用的一種道具、監督我們自律的一種力量吧。

【原文】

或覺心神恬曠①；或覺智慧頓②開；或處冗沓而觸念皆通；或遇怨仇而回瞋作喜；或夢吐黑物；或夢往聖先賢，提攜接引；或夢飛步太虛；或夢幢幡寶蓋。種種勝事，皆過消罪滅之象也。然不得執此自高，畫而不進。

【注釋】

①心神恬曠：心曠神怡。

②頓：突然。

【白話】

或是覺得心曠神怡；或是覺得突然有了智慧；或是處在煩瑣紛亂的事務中，突然產生了把事情處理妥當的清爽之感；或是碰到仇人而不感到惱恨，反而覺得歡喜；或是夢到吐出黑東西來；或是夢到往聖先賢提攜接引；或是夢到在太空飛翔、漫步；或是夢見佛、菩薩。這種種好的景象，都是過消罪滅的徵兆。但是不能因此就自視甚高，止步不前。

在這一段中，了凡先生集中闡釋了自己改過之後所感受到的一些「罪滅」效果。

第一，自我感覺心曠神怡。這是心靈獲得解放和變得清明的一種喜悅。不僅親歷者能感覺到這種喜悅，有修行經驗或者與親歷者有親密接觸的人，也能感受到他們這種內心狀態的變化。這就是改過之後他們心底的光明在照耀。

第二，自我感覺智慧頓開。過去看不清楚、看不懂、讓人困惑、找不到辦法處理或者努力後收效甚微的事情，突然變得簡單了，而且處理方法也很簡便，關鍵是效果出奇地好！這就是改過之後智慧獲得提升的表現。

第三，事務煩瑣時靈感突顯。很多人在煩瑣的日常事務中，往往會忙得暈頭轉向，顧此失彼。這樣的狀態持續得久了，人就會顯得狼狽不堪。但改過之後內心清朗，我們內心深處的靈感就會得到解放，讓我們在喜悅中獲得一些意想不到的智慧。

第四，心靈解放，反向喜悅。普通人遇到自己的仇人或者不喜歡的人，往往會心生厭惡、怨恨。但改過之後，心靈的背景發生了變化，對理的價值邏輯也重新進行了建構，再遇到過去讓自己厭惡和怨恨的人或事，反而會心生喜悅。

第五，穢吉交錯，喜夢連連。了凡先生改過之後夢到了這樣的奇異景象：或夢見吐黑物，或夢見往聖先賢提攜接引，或夢見在太空飛翔、漫步，或夢見佛、菩薩。這是在夢境中，也就是我們心靈的另外一個隱蔽的世界裡，所發生的誤會被排除，光明被引進，生命獲得自由的徵象。雖然我們對於夢境的認識還很粗淺，但夢境帶給我們的啟迪和暗示已經足夠讓我們驚喜了。

第42講　如何避免喜事變成壞事？

人們都渴望改過之後能夠發生一些喜事，這也是人之常情。可是，人們似乎天生就擁有一種讓人匪夷所思的力量，會把好事變成壞事，又把壞事變成更糟糕的事。這背後到底發生了什麼呢？了凡先生親歷、親證了自己命運的改變，他能夠避開這種局面嗎？若是能，他又是如何做到的呢？

【原文】

昔蘧伯玉當二十歲時，已覺前日之非而盡改之矣。至二十一歲，乃知前之所改，未盡也；及二十二歲，回視二十一歲，猶在夢中①。歲復一歲，遞遞②改之。行年五十，而猶知四十九年之非。古人改過之學如此。

【注釋】

①猶在夢中：迷迷糊糊。

②遞遞：一個接一個。

【白話】

從前的蘧伯玉先生二十歲時已經覺察到自己之前的過失，並全部改掉了。到了二十一歲，又覺得二十歲時並沒有把過失改徹底。到了二十二歲，回顧二十一歲時，覺得自己過得糊里糊塗的。就這樣，一年又一年，每一年他都在前一年的基礎上加以改進，五十歲時，仍然能覺察到四十九歲時改得不徹底的地方。古人竟是如此改過的。

在現實生活中，我們會經常見到這樣的現象：人一旦取得一些進步，就會得意忘形或者自我膨脹，進而就會停滯，甚至可能會倒退。如此這般，人豈不就陷入了一種困局？這樣的困局，似乎又在昭示著人類的一種宿命：若是不改過，不進步，就會為自己的命運累積罪惡的力量，而且越積越多，最終積重難返，走向萬劫不復之境地；若是改了過，並且取得了進步，又會自我膨脹，導致人生倒退，而沒有能力承受進步和美好。如此說來，改過與不改過，人生的結局都不會太好。既然如此，改過還有什麼意義和價值呢？

人類的這種困局，很容易讓我們想起這樣一種景象：一台電腦裝了盜版程式，有時能正常工作，有時卻會莫名其妙地當機，這是因為盜版程式是不完整的。我們不妨嘗試用這個原理來解析一下人類的困局：人的改過和出現的問題，與電腦問題的基本規律是一樣的。改過是一個程式，人改過之後就會進入一種新的生命狀態，所以需要另外一種程式來管理人的新狀態。如果缺乏新的程式來管理人的新狀態，人就可能遇到新的問題。在改過取得了進步之後，我們還有後續的程式嗎？

若是不了解歷史上的教訓與經驗，再加上自己志向不夠高遠，目標不夠遠大，就很容易掉進小人的模式，就必然會陷入「渴望進步—改過—進步—自滿—退步」這樣的惡性循環。

很顯然，了凡先生解決了這個問題。他找到了值得自己學習的一個榜樣，就是春秋時期衛國的大夫蘧伯玉，一個終生持續改過的大修行者。

《論語》有一段關於蘧伯玉的故事講到，孔子周遊到衛國時，蘧伯玉派遣使者去拜訪孔子。孔子讓使者坐下後，問道：「你家先生正在做什麼呢？」使者回答說：「我家先生在家反省，努力減少自己的錯誤，但還沒有完全做到。」使者走了以後，孔子饒有深意地感嘆道：「這個使者呀，這個使者呀！」

一個大修行者，與自己身邊的人還是有著巨大差別的。若非大修行者，怎麼可能持續不斷地去反省自己的過失？而蘧伯玉派來的這個使者，很顯然無法理解他們家這位老先生持續改過的深意，所以才會說「還沒有完全做到」。孔子的感嘆意思是：「你這個使者呀，實際上還是沒有真正理解你家先生作為修行者持續改過的修行真意呀！」對於一個修行者來說，修行永無止境，改過的意識和行為，也就是對自己縝密的自我審查，永遠不能鬆懈。

在現實生活中，我們也會聽到一些人自勉：「沒有最好，只有更好！」現在的我們，肯定還未處在人生中最好的狀態，只有持續不斷地修行進步，絕不驕傲自滿，才能成為更好的自己。在人生的漫漫旅程中，我們要記住三句話：「現在的自己，絕對不是最好的自己。珍惜現在的自己，創造更好的自己。最好的自己不是你擁有了多少，而是你能創造更好的自己。」

把成績和進步踩在腳下，讓自己的思想提升一個層次，持續朝著更高、更好的理想前進，這就是古往今來的聖賢給予我們最重要的命運啟示。

第43講　總作孽的人是什麼樣子？

常言道：「相由心生，言隨心表。」了凡先生透過自己的親身經歷，既看到了自己過往的僵硬表情，也在改過後看到了不少人跟自己過去類似的樣子；當然，他也看到了那些相貌莊嚴、端莊美滿的大修行者的樣子。看得出來，了凡先生透過改過修行，確實讓自己的感知能力提升了不少。你想獲得這樣的能力嗎？

【原文】

吾輩身為凡流，過惡蝟集①，而回思往事，常若不見其有過者，心粗而眼翳也。

然人之過惡深重者，亦有效驗：或心神昏塞②，轉頭即忘；或無事而常煩惱；或見君子而赧然消沮；或聞正論而不樂；或施惠而人反怨；或夜夢顛倒，甚則妄言③失志。

皆作孽之相也。苟一類此，即須奮發，捨舊圖新，幸勿自誤。

【注釋】

①過惡蝟集：比喻過失很多，像刺蝟的刺一樣數不過來。

②塞：不開竅。

③妄言：違背道理的言論。

【白話】

我們都是凡夫俗子，犯的過失就像刺蝟的刺一樣多得數不過來，回顧往事時卻常常看不見自己的過失，這都是粗心大意，眼睛被蒙蔽了的緣故。然而，那些過惡深重的人，也有效驗：他們有時心神昏塞，轉頭就忘了事情；有時沒有什麼事情，也很煩惱；有時見到德行高尚的人就很羞愧、很消沉；有時聽到正確的言論就不高興；有時施惠於別人反而遭到怨恨；有時做一些顛三倒四的夢，嚴重時還會胡言亂語、神志不清。這些都是作孽的表現。如果有這類現象發生，就一定要奮發努力，改正自己的錯誤，棄舊圖新，千萬不要自誤。

在這一段中，了凡先生向大家展示了改過之後獲得的洞察力。這種洞察力，既可能是針對自己狀態的覺知，也可能是對周圍作孽之人的洞察。如果過失和罪孽過於深重，在沒有改過或者改過不徹底時，就會出現一些徵兆。我結合當代的情況，對了凡先生所說的「作孽之相」做一些補充。

1. 心神不寧：坐立不安，左顧右盼，六神無主，無法專心。
2. 表裡不一：在公開場合和私下裡表現出兩種不同的人格。
3. 亂發脾氣：因為一些小事對著家人和同事，尤其是自己的下屬發脾氣。
4. 委罪他人：遇到問題時，永遠都在指責別人。
5. 自以為是：認為自己永遠是正確的，錯的一定是別人。
6. 無恥自辯：即使自己犯下了明顯的錯誤，也會找出很多理由為自己辯護。
7. 蔑視聖賢：表面上對聖賢很恭敬，私下從不用心學習，更不會持續實踐。
8. 追逐名利：將追逐名利視為最重要的，甚至高於生命，導致生命不斷貶值。
9. 親友翻臉：難以與親友長久地維持和睦，常因瑣事而輕易翻臉。

10.冤冤相報：對於發生的恩恩怨怨，心中一直滿懷仇恨，沒有主動化解的行動。

11.賣身求榮：為了謀取個人名利，不惜犧牲人格，甚至賣身求榮。

12.欺辱難者：對於落難的人幸災樂禍，群起而攻之，落井下石。

13.瘋狂發洩：心中積憤滿滿，莫名其妙地向無辜者發洩。

14.媚上鄙下：總是向強者獻媚，但從不認真學習；總是鄙視弱者，缺乏同理心。

15.花枝招展：關注重點在自己外表的打扮，而從不武裝自己的靈魂。

16.不學無術：要麼忙碌，要麼無聊，從不把學習與進步放在首位。

17.忙碌昏頭：用忙碌填補空虛，不斷處理雜亂無章的瑣事，把自己搞得很累。

18.消費無度：不斷在物質方面增加消費，而不願意在精神上投資自己。

19.喜怒無常：嚴重情緒化，難以保持平和與友善的情緒穩定狀態。

20.家中點火：自以為有功有理，蠻橫地指責自己的家人。

21.自欺欺人：始終處在虛幻的自信中，迴避自己的弱點，誇大自己的長處。

22.積罪墮落：抱著僥倖心態，不斷累積小錯而成大過，不知不覺走向深淵。

23. 不受教化：聽不進長輩或好友的勸阻，即使點頭稱是，也往往是口是心非。

24. 低級趣味：沉迷於吃喝玩樂，缺乏對美好與品位的追求和欣賞能力。

25. 貶人自吹：透過貶低別人來抬高自己，透過吹噓自己來鄙視別人。

26. 利用他人：關係都建立在交易和利用的基礎上，忽視沒有利用價值的人。

27. 背信棄義：為了自己的私利，毫無信用可言。即使訂立契約，也會輕易背棄。

28. 喪失理想：視理想為虛無，視追求理想為愚蠢，總擺出一副很現實的樣子。

29. 媚俗自樂：尋求社會上低俗的訊息、人物與事件以自樂，幸災樂禍。

30. 挑撥離間：總在人和人之間傳播負面消息，製造矛盾。

31. 聚焦負面：看社會、看任何人、看任何事，總是以偏概全，做出負面解讀。

所有這些，都會導致自我貶值，都是在出賣自己的靈魂，最終導致自我沉淪。

如果有這類現象發生，就一定要奮發努力，趕在禍殃降臨之前，棄舊圖新，斷惡修善，千萬不要自誤！

第三篇：積善之方

第44講　行善十例給我們的啟示

有一些朋友覺得了凡先生所講的行善事例離自己很遠，而且其中的很多做法已經不符合當今時代的發展了。實際上，每一個時代都有其特點，每個人的經歷也都有自己的特色。聽別人的案例，目的不是去原樣照做，而是要從中得到啟示，了解背後的原理與規律，然後結合自己的實際舉一反三，才能將學到的知識付諸實踐，快速提升自己的能力。

【原文】

《易》曰：「積善之家，必有餘慶。」昔顏氏將以女妻叔梁紇①，而歷敘其祖宗積德之長，逆知②其子孫必有興者。孔子稱舜之大孝，曰：「宗廟饗③之，子孫保之。」皆至論也。試以往事徵之。

【注釋】

①叔梁紇：春秋時期魯國大夫，孔子的父親。

②逆知：預料。

③饗：祭祀。

【白話】

《周易》說：「積德行善的家庭，必定後福無窮。」從前，顏氏要把女兒嫁給叔梁紇，一件件羅列了這家祖上長期以來所積功德，預知這家子孫必定興旺發達。孔子稱讚舜的大孝，說：「像舜這樣的大孝，後人必定建宗祠祭祀他，世代子孫必定承傳家運不衰。」這些話說得太好了。我再以過去的一些事來證明積善的功效。

以下是了凡先生舉的十個事例，許多人物和事蹟為當時人所熟知。在此，需要特別說明的是，《了凡四訓》這本書寫於科舉時代，那時候的福報，主要體現在考中科舉做官上。現在時代變了，福報的具體內容也就相應地發生了變化。所以我們在了解這些事例時，體會它們蘊含的精神實質就可以了，至於事例中一些人物的做法以及他們的價值觀，我們不必去深究。

第一例

【原文】

楊少師榮，建寧人，世以濟渡①為生。久雨溪漲，橫流沖毀民居，溺死者順流而下，他舟皆撈取貨物，獨少師曾祖及祖，惟救人，而貨物一無所取，鄉人嗤②其愚。逮③少師父生，家漸裕。有神人化為道者，語之曰：「汝祖、父有陰功，子孫當貴顯，宜葬某地。」遂依其所指而窆④之，即今白兔墳也。後生少師，弱冠登第，位至三公，加曾祖、祖、父如其官。子孫貴盛，至今尚多賢者。

【注釋】

①濟渡：擺渡。

②嗤：嘲笑。

③逮：到了。

④窆（ㄅㄧㄢˇ／biǎn）：下葬。

【白話】

楊少師名叫楊榮，建寧人，他的祖先世代以擺渡為生。有一次，因為暴雨下了許多天，河水氾濫，沖毀了民房，被淹死的人順流而下。其他船上的人都在撈取貨物，楊榮的曾祖與祖父卻只忙著救人，一件貨物也沒有撈取，鄉里的人都嘲笑他們傻。到了楊榮的父親出生後，他們家就漸漸寬裕了。有位神人化作道士，對楊榮的父親說：「你的祖父和父親積了陰德，子孫後代定有顯貴之人。你應當把他們葬在某地方。」於是楊榮的父親就把祖父和父親安葬在道士指點的地方，這座墳就是現在人們所說的白兔墳。後來生了楊榮，他二十歲就考中進士，位至三公，朝廷還追封了他的曾祖、祖父和父親。楊家子孫非常興旺，到現在還有許多有道德、有才能的人。

啟示：身雖為平民位，心卻有天地大義。俗人唯利是圖，義者卻一心救人。被俗眾恥笑愚，心卻有乾坤定魂。祖上陰德澤後，後世輔國成大器。

第二例

【原文】

鄞[①]人楊自懲，初為縣吏，存心仁厚，守法公平。時縣宰[②]嚴肅，偶撻一囚，血流滿前，而怒猶未息，楊跪而寬解之。宰曰：「怎奈此人越法悖理，不由人不怒。」自懲叩首曰：「『上失其道，民散久矣。如得其情，哀矜勿喜。』喜且不可，而況怒乎？」宰為之霽顏[③]。家甚貧，饋遺一無所取。遇囚人乏糧，常多方以濟之。一日，有新囚數人待哺，家又缺米，給囚則家人無食，自顧則囚人堪憫。與其婦商之，婦曰：「囚從何來？」曰：「自杭而來。沿路忍飢，菜色可掬。」因撤己之米，煮粥以食[④]囚。後生二子，長曰守陳，次曰守阯，為南北吏部侍郎。長孫為刑部侍郎，次孫為四川廉憲，又俱為名臣。今楚亭德政，亦其裔也。

【注釋】

①鄞（ㄧㄣˊ／yín）：地名，今屬浙江。

②縣宰：縣令。

③霽顏：怒氣消散。

④食（ㄙˋ／sì）：拿食物給別人吃。

【白話】

鄞縣人楊自懲，起初在縣衙門裡當縣吏，心地善良，公平公正。當時的縣令十分嚴厲，有一次已經將犯人打得血流滿地，怒氣仍未消散。楊自懲就跪下替犯人求情。縣令說：「這個人觸犯了法律，違背了天理，不由人不發怒。」楊自懲叩頭說道：「（曾子說：）『執政者沒有按照正確的原則治理國家，民心已經散亂很久了。如果我們知道了犯罪者的實情，就應該替當事者傷心，憐憫他們，而不是高興得意。』高興得意尚且不可，何況是發怒呢？」縣令聽了楊自懲的話，怒氣就消了。

楊自懲家裡非常貧困，但別人來送禮，他全都不肯接受。遇到獄中犯人缺糧時，他總是想方設法地幫助他們。有一天，有幾個新來的犯人沒飯吃，他自己家中也缺糧食。如果把家中僅有的一點糧食給犯人吃，家裡人就沒飯吃；如果自己家裡人吃，犯人又實在可憐。於是楊自懲與妻子商量這件事。妻子問他：「這些犯人是從哪裡來的？」他回答說：「他們從杭州來。一路上忍飢挨餓，到這裡時已是滿面菜色。」於是，他們就把自家的糧食拿出來，煮成稀飯給犯人吃。後來楊自懲生了兩個兒子，長子楊守陳，次子楊守阯，一個擔任了南京吏部侍郎，一個擔任了北京吏部侍郎。長孫當了刑部侍郎，次孫做了四川廉憲。這四人都是名臣。現在我們所認識的楊楚亭和楊德政，都是楊自懲的後人。

啟示：身在公門，為受難者求情。責上無德，留慈悲於百姓。公門權大，拒禮卻濟犯人。拿出口糧，將犯人當人看。祖上積德，後世子孫成才。

第三例

【原文】

昔正統[1]間，鄧茂七倡亂於福建，士[2]民從賊者甚眾。朝廷起鄞縣張都憲楷南征，以計擒賊。後委布政司謝都事[3]搜殺東路賊黨。謝求賊中黨附冊籍，凡不附賊者，密授以白布小旗，約兵至日插旗門首，戒軍兵無妄殺，全活萬人。後謝之子遷，中狀元，為宰輔；孫丕，復中探花。

【注釋】

①正統：明英宗朱祁鎮的年號，起止時間為一四三六年至一四四九年。

②士：讀書人。

③都事：官名，掌管文書。

【白話】

過去正統年間，鄧茂七在福建起兵叛亂，有很多讀書人和平民百姓參加了叛亂。朝廷起用曾擔任都憲的鄞縣人張楷率兵南下到福建平叛，張楷用計謀把鄧茂七抓住了。後來朝廷又派布政司一位姓謝的都事去搜捕、斬殺東部的叛賊。謝都事搜到了依附鄧茂七之人的名冊，凡是沒有參與叛亂的人，謝都事就祕密地給他們一面小白旗，並告訴他們在官兵到來的那一天把這面小白旗插在門頭，同時訓誡士兵，對插有白旗的人家不得妄殺。謝都事的這一做法，救了一萬人的性命。後來謝都事的兒子謝遷考中了狀元，成為輔佐皇帝的重臣，他的孫子謝丕也考中了探花。

啟示：勇滅叛匪，寬待無辜，巧制濫殺。救助他人，書天地卷，子孫承福。

第四例

【原文】

莆田①林氏，先世有老母好善，常作粉團②施人，求取即與之，無倦色。一仙化為道人，每旦③索食六七團。母日日與之，終三年如一日，乃知其誠也，因謂之曰：「吾食汝三年粉團，何以報汝？府後有一地，葬之，子孫官爵，有一升麻子之數。」其子依所點葬之，初世④即有九人登第，累代簪纓甚盛。福建有「無林不開榜」之謠。

【注釋】

①莆田：地名，今屬福建。

②粉團：用米粉製成的一種食品。

③旦：早晨。

④初世：第一代後人。

【白話】

莆田有一家姓林的人家，先輩有一位老太太樂善好施，經常做粉團施捨給別人。只要有人向她要，她馬上就會給，沒有一點厭煩的神色。有一位仙人化成道士，每天早晨向她要六七個粉團。老太太每天都給他，一連給了三年，於是神仙知道了她是出於誠心才做這件事的。這位神仙對老太太說：「我吃了你三年的粉團，該怎樣報答你呢？你們家後面有一塊地，如果你百年以後安葬在那裡，你的子孫中做官的人，將有一升芝麻的粒數那麼多。」老太太去世後，她兒子就把她安葬在神仙所指的地點，林家的第一代後人即有九位中了進士，以後世世代代做大官的人很多，以至於福建有民謠說：「無林不開榜，開榜必有林。」

啟示：林姓老太樂善好施，心顏無厭倦。高人化成貪吃道士，考證出至誠。高人感動指點老太，開榜必有林。

第五例

【原文】

馮琢庵太史之父，為邑庠生，隆冬①早起赴學，路遇一人，倒臥雪中，捫之，半僵矣，遂解己綿裘衣②之，且扶歸救蘇。夢神告之曰：「汝救人一命，出至誠心，吾遣韓琦為汝子。」及生琢庵，遂名琦。

【注釋】

①隆冬：冬天最冷的一段時間。

②衣（一丶／yì）：拿衣服給人穿。

【白話】

馮琢庵太史的父親是縣學的學生，在冬天最冷的那段時間，有一天他早起上學，路上遇到一個人倒在雪地裡，他摸摸那個人，發現已凍得快死了。於是他就脫下自己的皮衣給那個人穿上，並扶那個人回到自己家，把那個人救醒了。晚上他夢見一個神仙告訴他：「你救人一命，而且完全出於至誠之心，我讓韓琦托生在你家，做你的兒子。」後來馮琢庵出生，他就為琢庵起名叫馮琦。

啟示：祖上路遇雪中半死人，脫袍救活。此等大義自然感動天地，子官太史。

第六例

【原文】

台州①應尚書，壯年習業於山中。夜鬼嘯集，往往驚人，公不懼也。一夕聞鬼云：「某婦以夫久客②不歸，翁姑逼其嫁人。明夜當縊死於此，吾得代矣。」公潛賣田，得銀四兩，即偽作其夫之書，寄銀還家。其父母見書，以手跡不類③，疑之。既而曰：「書可假，銀不可假，想兒無恙。」婦遂不嫁。其子後歸，夫婦相保④如初。公又聞鬼語曰：「我當得代，奈此秀才壞吾事。」傍一鬼曰：「爾何不禍之？」曰：「上帝以此人心好，命作陰德尚書矣。吾何得而禍之？」應公因此益自努勵，善日加修，德日加厚。遇歲飢，輒捐穀以賑之；遇親戚有急，輒委曲維持；遇有橫逆⑤，輒反躬自責，怡然順受。子孫登科第者，今累累也。

【注釋】

①台州：地名，今屬浙江。

②客：寄居他鄉。

③類：像。

④相保：相守。

⑤橫逆：強暴無理。

【白話】

台州府有一位姓應的尚書，壯年時在山中讀書。晚上有許多鬼聚集在一起大聲呼嘯，經常恐嚇人，但是應尚書一點也不害怕。一天晚上，他聽見一個鬼說：「有一個婦人，她丈夫出遠門很久沒有回來，她的公公婆婆就逼她改嫁。她明天晚上要在這裡上吊自殺，我終於找到替身了。」應尚書聽到後，悄悄地把自己的田賣掉，得到四兩銀子，偽造那位丈夫的家信，連同銀子一起寄到她家。這位丈夫的父母看見信，覺得筆跡不像是兒子的，有些懷疑，繼而一想：「信可以是假的，但誰會拿銀子來作假？想必兒子平安無事。」於是就不再逼迫兒媳改嫁。後來他們的兒子回來了，夫婦倆像當初一樣好好地相守著。應尚書又聽見鬼說：「我本來找到了替身，都是這個秀才壞了我的事。」另一個鬼說：「那你為什麼不報復他呢？」那個鬼回答說：「這個人心地善良，積了陰德，天帝已經下令封他做尚書，我怎麼能害他呢？」應公因此越發努力學習，嚴格要求自己，善行一點點累積，品德一天天加厚。遇到荒年，他總是捐出自家的糧食來救濟飢民；碰到親戚有急難之事，他總是想盡辦法來幫助他們渡過難關；遇到強暴無理的人，他總是反省自己的過失，安然順受而不予計較。他的子孫中考中科舉的，到現在已經有很多了。

啟示：所遇皆是善緣，自花銀兩助一家周全。所行之善感天，縱使鬼怪也不會加害。遇有蠻橫自省，自身安然子孫也登科。

第七例

【原文】

常熟①徐鳳竹栻，其父素富②。偶遇年荒，先捐租，以為同邑之倡，又分穀以賑貧乏。夜聞鬼唱於門曰：「千不誆③，萬不誆，徐家秀才，做到了舉人郎。」相續而呼，連夜不斷。是歲，鳳竹果舉於鄉。其父因而益積德，孳孳不怠④，修橋修路，齋僧接眾，凡有利益，無不盡心。後又聞鬼唱於門曰：「千不誑，萬不誑，徐家舉人，直做到都堂。」鳳竹官終兩浙巡撫。

【注釋】

①常熟：地名，今屬江蘇。

②素富：一向富有。

③誑：說假話。

④孳孳不怠：勤勉努力，毫不懈怠。

【白話】

常熟人徐栻，號鳳竹，他的父親一向富有。有時遇到荒年，他父親就帶頭免去田租，為同鄉的人做出榜樣，又把自家的糧食拿出來救濟貧困的人家。夜間聽見鬼在他家門口唱道：「肯定不說謊，肯定不說謊，徐家的秀才，就要考中舉人。」呼唱之聲連續不斷。這一年，徐鳳竹果然考上了舉人。他父親因此更加努力地行善，勤勉努力，毫不懈怠；修橋修路，施齋飯供養僧人，凡有利於他人的事，無不盡心。後來又聽到鬼在他家門口唱道：「肯定不說謊，肯定不說謊，徐家的舉人，一直做到都堂。」徐鳳竹最後果然當了兩浙巡撫。

啟示：富而助窮，賑濟窮苦。天地籟音，報喜子孫。勤勉行善，好事連連。

第八例

【原文】

嘉興①屠康僖公，初為刑部主事，宿獄中，細詢諸囚情狀，得無辜者若干人。公不自以為功，密疏②其事，以白堂官。後朝審，堂官摘其語，以訊諸囚，無不服者，釋冤抑十餘人，一時輦下③咸頌尚書之明。公復稟曰：「輦轂之下，尚多冤民；四海之廣，兆民之眾，豈無枉者？宜五年差一減刑官，核實而平反之。」尚書為奏，允其議。時公亦差減刑之列。夢一神告之曰：「汝命無子，今減刑之議，深合天心，上帝賜汝三子，皆衣紫腰金。」是夕④夫人有娠，後生應塤、應坤、應埈，皆顯官。

【注釋】

①嘉興：地名，今屬浙江。

②疏：記錄。

③輦下：指京城。

④是夕：當天晚上。

【白話】

嘉興人屠康信，起初是刑部的主事，就住在獄中，仔細地詢問囚犯們各自的案情，發現有一些人是被冤枉的。但是，他沒有把這件事當作自己的功勞，而是祕密地把這些情況記錄下來，彙報給刑部尚書。後來朝審時，刑部尚書就根據他的記錄審訊這些囚犯，參加朝審的官員沒有不服的，因此釋放了十餘個被冤枉的囚犯。一時間，京城裡的人們都讚頌刑部尚書的英明。屠康信又向刑部尚書稟告說：「京城尚且有如此多被冤枉的人，國家那麼大，百姓那麼多，哪裡會沒有被冤枉的人呢？

應當每五年派遣一批減刑官去各地核實案情，為有冤屈的人平反。」刑部尚書為此上奏朝廷，建議得到皇上批准。當時屠康僖也在減刑官之列。一天晚上，他夢見一位神仙對他說：「你本來命中無子，現在你提出減刑的建議，契合上天愛護生命之心，所以上天賜給你三個兒子，他們將來都會做大官。」當天晚上，屠公的妻子就懷孕了，後來生了三個兒子——應塤、應坤、應埈，他們都做了顯貴的高官。

啟示：用良知思考，糾正冤屈，匡扶正義，直指救人。猶如承天命，暗做天官，正義使者，自造大福。

第九例

【原文】

嘉興包憑，字信之，其父為池陽太守，生七子，憑最少①，贅平湖袁氏，與吾父往來甚厚。博學高才，累舉不第，留心二氏之學。一日東遊泖湖②，偶至一村寺中，見觀音像，淋漓露立，即解橐中得十金，授主僧，令修屋宇。僧告以功③大銀少，不能竣事。復取松布四匹，檢篋中衣七件與之，內紵褶，係新置，其僕請已之，憑曰：「但得聖像無恙，吾雖裸裎何傷？」僧垂淚曰：「舍銀及衣布，猶非難事；只此一點心，如何易得！」後功完，拉老父同遊，宿寺中。公夢伽藍來謝曰：「汝子當享世祿矣。」後子汴，孫檉芳，皆登第，作顯官。

【注釋】

①最少：年齡最小。

②泖湖：湖名，在今上海松江區西。

③功：工程。

【白話】

嘉興人包憑，字信之，他父親是池陽太守，生了七個兒子，包憑年紀最小，他到平湖縣袁家做上門女婿，與我的父親經常往來。他學問淵博，才華橫溢，但是參加好幾次科舉考試都沒考上，就開始對佛學和道教產生了興趣。有一天，他東遊泖湖，偶然到了一座村中的寺廟，看見觀音菩薩像被雨淋濕了，就立即解開錢袋拿出十兩銀子，交給主事的僧人，請他整修破漏的屋頂。僧人告訴他整修工程很大，十兩銀子是不夠的。包憑又拿出四匹松江出產的布，又從竹箱裡拿出七件衣裳，交給僧人。其中有一件苧麻布夾衣（中間無綿絮的雙層衣服），是新做的，僕人勸他別送了。包憑說：「只要能使聖像安好，我就是赤身裸體又有什麼關係？」僧人感動得流著淚說：「施捨銀兩、布匹和衣裳還不算難事，但是你這至誠的心真是太難得了！」後來廟宇修復好了，包憑拉著父親一同去遊玩，晚上就住在寺中。他夢見伽藍來感謝，說：「你的兒子將享有世世代代做官的福。」後來他的兒子包汴、孫子包檉芳都考中進士，做了顯要的高官。

啟示：才華橫溢，學問淵博，連考不中，命中有缺。命中善根，敢捨無悔，赤誠無欺，大運啟動。

第十例

【原文】

嘉善支立之父，為刑房吏①。有囚無辜陷重辟，意哀之，欲求其生。囚語其妻曰：「支公嘉意，愧無以報。明日延②之下鄉，汝以身事之，彼或肯用意，則我可生也。」其妻泣而聽命。及至，妻自出勸酒，具告以夫意，支不聽。卒為盡力平反之。囚出獄，夫妻登門叩謝曰：「公如此厚德，晚世所稀。今無子，吾有弱女③，送為箕帚妾，此則禮之可通者。」支為備禮而納之，生立，弱冠中魁，官至翰林孔目。立生高，高生祿，皆貢為學博。祿生大綸，登第。

【注釋】

①刑房吏：官名，掌管刑罰、監獄事務。

②延：邀請。

③弱女：女孩兒，姑娘。

【白話】

嘉善人支立的父親是管刑事的書辦。有個囚犯沒有犯罪卻被判了重刑，支立的父親非常同情他，想設法救他。這個囚犯對他妻子說：「支先生的美意我沒有辦法報答，明天邀請他到鄉下咱們家裡，你以身事他，也許他就會盡心幫我，那樣我就可以活命了。」他的妻子哭著答應了。支立的父親到達後，囚犯的妻子出來勸酒，把她丈夫的想法都告訴了他。支立的父親沒有接受，但仍盡力為她的丈夫平反。這個囚犯出獄後，夫妻倆登門叩謝說：「像您這樣厚德的人，世上太少有了。您還沒有兒子，我們願意把女兒送給您做打掃衛生的小妾，這在禮儀上也是過得去的。」支立的父親就以完備的禮儀娶了他們的女兒，後來生了支立。支立二十歲就考中進士第一名，後來在翰林院任孔目一職。支立生支高，支高生支祿，二人都被選拔為州學、縣學的教官。支祿的兒子支大綸，進士及第。

啟示：人所做一切，背後皆有許多緣分，能夠助人，即是自己改命天緣。不乘人之危，真誠助人去交天卷，大道考官，通過就能成為天人。

【原文】

凡此十條①，所行不同，同歸於善而已。

【注釋】

①十條：指前面所講的十件善事。

【白話】

以上所舉的十個事例，主人公做的事情雖然各不相同，但歸納起來都是一個「善」字。

說起來，人間道理千千萬。對於同一件事，不同的人會講出不同的道理；不管有多少種說法，最後都會由真理來做評判。若是對人的說法進行評判，不管說得如何有道理，最終都由一個「善」字裁判。

第45講　行善不見得都是真的

每個人心裡都有一種善良的力量，就猶如生命中一顆會誕生光明的種子。但是，在現實的人生當中，不少善良的人也活得很鬱悶——善良是正確的，但並不是總能帶來快樂。有時候，那些作惡之人反而活得很瀟灑。儘管如此，似乎還是有一種力量讓更多的人選擇了善良。

「善良者鬱悶」，很多人終其一生也走不出這樣一個人生悖論。

【原文】

若復精而言之①，則善有真，有假；有端，有曲；有陰，有陽；有是，有非；有偏，有正；有半，有滿；有大，有小；有難，有易。皆當深辨②。為善而不窮理，則自謂行持，豈知造孽，枉費苦心，無益也。

【注釋】

①精而言之：精確、仔細地討論（行善之事）。

②深辨：辨別清楚。

【白話】

如果再精細地講，則善有真的，有假的；有正直的，有曲邪的；有為人所知的，有不為人所知的；有正確的，有不正確的；有偏頗的，有恰當的；有不圓滿的，有圓滿的；有大的，有小的；有難做的，有容易做的。這些都應當辨別清楚。行善而不把道理弄明白，便以為自己一直在做善事，殊不知是在造孽，枉費苦心，一點益處都沒有。

了凡先生是善良這門人生學問的深刻思考者和卓越實踐者。透過多年的學習、實踐，了凡先生提出了「行善八別」，即如何辨別行善的真假、端曲、陰陽、是非、偏正、半滿、大小、難易。這可謂是「善良學」之精髓，為我們學習和實踐善良提供了理論指南。

先來說說「行善八別」之一：**辨行善之真假**。

【原文】

何謂真假？昔有儒生①數輩②，謁中峰和尚③，問曰：「佛氏論善惡報應，如影隨形。今某人善，而子孫不興；某人惡，而家門隆盛。佛說無稽④矣。」中峰云：「凡情未滌，正眼⑤未開，認善為惡，指惡為善，往往有之。不憾己之是非顛倒，而反怨天之報應有差乎？」眾曰：「善惡何致相反？」中峰令試言其狀。一人謂：「詈人、毆人是惡，敬人、禮人是善。」中峰云：「未必然也。」一人謂：「貪財妄取是惡，廉潔有守⑥是善。」中峰云：「未必然也。」眾人歷言其狀，中峰皆謂「不然」。因請問。中峰告之曰：「有益於人，是善；有益於己，是惡。有益於人，則毆人、詈人皆善也；有益於己，則敬人、禮人皆惡也。是故人之行善，利人者公，公則為真；利己者私，私則為假。又根心[7]者真，襲跡[8]者假。又無為[9]而為者真，有為而為者假。皆當自考[10]。」

【注釋】

①儒生：讀孔孟之書的人。

②數輩：數人。

③中峰和尚：指中峰明本禪師，是元代傑出的高僧。

④無稽：沒有根據。

⑤正眼：法眼，慧眼。

⑥有守：有操守。

⑦根心：發自真心。

⑧襲跡：模仿別人的樣子，而不是真正學習別人的善行。

⑨無為：無所希求。

⑩考：推求，研究。

【白話】

什麼叫作真善、假善呢？從前有幾個儒生，去拜見中峰和尚。他們問道：「佛家說善惡報應與人形影不離。現今有人很善良，他的子孫卻不興旺；有人很凶惡，而他的家門卻很興盛。這樣看，因果報應是沒有憑據的！」中峰和尚說：「平常人世俗的情欲沒有洗滌乾淨，獲得正知正見的能力還沒有開啟，於是把善行當作惡行，把惡行當作善行，這是常常有的。他們怎麼不對自己顛倒是非的行為感到遺憾，反而埋怨上天報應錯了呢？」儒生們說道：「善就是善，惡就是惡，他們怎麼會把善惡標準弄反了呢？」中峰和尚就叫他們試著把那些行善、作惡的情形描述出來。一位儒生說道：「罵人、打人是惡，敬人、禮人是善。」中峰和尚說：「不一定吧。」另一位儒生說道：「貪財、獲取非分之物是惡，廉潔、有操守是善。」中峰和尚說：「不一定吧。」儒生們列舉了各種善與惡的表現，中峰和尚都說「不一定」。於是他們請教中峰和尚。中峰和尚告訴他們：「有益於別人的行為，是善行；只有益於自己的行為，是惡行。有益於人，即使打人、罵人，也是善行；只有益於自己，即使敬人、禮人，也是惡行。因此，人行善事，有益於人的就是大公無私，大公無私即為真善；只有益於自己的就是自私，自私就是假善。此外，發自內心去做好事就是真善，只在表面上學著別人做好事就是假善；沒有希求而行善是真善，有所希求而行善是假善。所有這些，都應當仔細地分辨。」

這段話我們可以分為以下四點來理解。

一、提出問題。一群讀書人拜見修行覺者中峰和尚，提出了現實中一些具有代表性的事例——某人善但子孫不旺，某人惡卻家業興隆，以此質疑「善惡報應，如影隨形」的道德理念。

二、高人對答。中峰和尚回答說，平常人因為心不乾淨，尚存邪知邪見，才會認善為惡或者認惡為善。「善惡報應，如影隨形」，這是覺者在正知正見的潔淨心性中看到的。生命處在兩種不同的狀態，自然看到的就是不同的世界。用不乾淨的心所看到的世界假象來質疑用乾淨的心所看到的世界真相，這是心智的時空錯位。

三、摸底調查。中峰和尚讓那些儒生各自闡述對善惡的理解，於是一眾儒生你一言我一語地把對善惡的世俗理解表達出來。讀書人尚且如此，那不識字的人又該怎麼辦呢？自然，儒生們的觀點一一被中峰和尚質疑。中峰和尚指出了他們共同的錯誤：指惡為善，認善為惡。

四、標準揭祕。中峰和尚提到四個方面，我再補充幾個角度，加起來共七則。

第一：有益於別人，是善；只有益於自己，是惡。若再延伸一下，則可以加上「時間線」和「覺醒線」：短期有益於人而長期不益於人，是偽善真惡，如嬌慣孩子，只愛孩子卻沒有培養孩子愛別人的能力；眼前不益於人但長期有益於人，是偽惡真善，是深層的教化；眼前有益於人，長期也有益於人，並助其覺醒而讓善願與善能接通、善法與善果接通、善念能夠轉成善的信仰，則可謂之上善、至善。

第二：有益於別人，即便打人、罵人，也是善；只有益於自己，即便敬人、禮人，也是惡。若再延伸一下，則可以加上「分寸線」和「結果線」。即使有益於別人，打罵也不能作為優先使用的方式；即使使用也要注意分寸，既要產生正面效果，同時又不能構成傷害。打罵也好，禮敬於人也罷，不管心中願望是善是惡，最終要透過對象身上出現的結果和後續的演變方向來評判。

第三：利人的就是公，公則為真善；利己的就是私，私則為假善。若再延伸一下，則可以加上「交易線」和「永恆線」。利人是否懷有交易心？是否會無條件地持續下去？明著為公，實則為己，即是算計與陰險，實為邪惡。明著利己，但遵守規則，不強求於人，講究公平和契約，也算是守住了底線。

第四：出自內心的是真善，做樣子的是假善。若再延伸一下，則可以加上「行動線」與「善果線」。出自真心也好，虛情假意也罷，關鍵是如何證明。要看是否付出真實行動、是否能用智慧方法、是否能夠指向最終善果以及後續的善流。

第五：沒有希求而行善是真善，有所希求而行善是假善。若再延伸一下，則可以加上「無條件線」和「不動搖線」。行善若是有所希求，已經變質為交易，特別是打著善的旗號的隱晦交易，也可能會因為隱晦而導致雙方對交易條件的認知出現差異，這樣的假善在人間製造了許多說不清、道不明的恩怨。因此，真善是不做交易的，是真正為對方好的。而且，不管對方如何回饋自己，善的方向是不動搖的。

第六：善向不變，但會根據效果、變化情況及對方的回饋進行調適，此為真善。若是固守善向，缺乏調適的能力，也將鑄成惡果，此為偽善。

第七，真心行善，亦有善法，並生善果。若是因為行善有成而生傲慢與居功之「心毒」，則前功盡棄，即是偽善。若能行善有成，還能以報恩之心行善，將行善作為感恩、報答對方的行動，進一步感恩對方給予報恩的機會，同時，還能真誠地、連續不斷地檢討自己的過失，並將報恩進行到底，永不完結，堅定地實踐「滴水之恩，湧泉相報」之信條，可感天動地，可感化眾生，可廣結善緣，此即真善與至善之大成。

第46講　壞人做善事有用嗎？

絕大部分人都相信善良是正確的，至於善良會不會為自己帶來好的命運，心中似乎並沒有一個精準的答案。善有很多種形態，它比惡更難辨識，看起來我們都很熟悉，實際上迷惑了很多人。很多人不僅對別人的善難以辨別，就算是對自己的善也會搞錯。

了凡先生是善良這門人生學問的卓越實踐者，他提出「行善八別」，為我們學習和實踐善良提供了指南。接下來我們來學習「行善八別」之二：**辨行善之端曲**。

【原文】

何謂端曲？今人見謹愿之士①，類稱為善而取之；聖人則寧取狂狷②。至於謹愿之士，雖一鄉皆好③，而必以為德之賊④。是世人之善惡，分明與聖人相反。推此一端，種種取捨，無有不謬。天地鬼神之福善禍淫⑤，皆與聖人同是非，而不與世俗同取捨。凡欲積善，決不可徇耳目，惟從心源隱微處，默默洗滌。純是濟世之心，則為端；苟有一毫媚世⑥之心，即為曲。純是愛人之心，則為端；有一毫憤世之心，即為曲。純是敬人之心，則為端；有一毫玩世之心，即為曲。皆當細辨。

【注釋】

①謹愿之士：謹慎自守的人。

②狂狷：狂，積極進取而又自命不凡；狷，潔身自好而又較為保守。

③好：喜歡。

④德之賊：破壞風俗道德的人。

⑤福善禍淫：賜福給為善的人，降禍給作惡的人。

⑥媚世：取悅於世人。

【白話】

什麼叫作正直的善？什麼叫作曲邪的善？現在人們見到謹慎自守的人，都稱他為善人，而且很看重他；但古時的聖賢卻寧可欣賞勇於進取的人或是安分守己的人。至於謹慎自守的人，儘管鄉里的人都很喜歡他，聖賢反而認為他是破壞世風民俗、道德準則的賊。由此看來，世人的善惡標準，明顯是與聖人相反的。依次類推，世人的種種取捨標準，沒有不出錯的；然而天地鬼神賜福給為善的人，降禍給作惡的人，判斷善惡的標準是與聖人相同的，而不是依照世俗的觀念。所以，想要積善，絕不可順從世俗的議論和看法，而要默默地將自己的心清洗乾淨。純粹是濟世救人的心，就是端；若有一絲一毫取悅世人的心，就是曲。純粹是愛人的心，就是端；若有一絲一毫怨恨世人的心，就是曲。純粹是敬人的心，就是端；若有一絲一毫玩弄世人的心，就是曲。這些都應當仔細分辨。

「德之賊」，出自《論語．陽貨》：「子曰：『鄉愿，德之賊也。』」《論語．

子路》中也談到了這個問題：「子貢問曰：『鄉人皆好之，何如？』子曰：『未可也。』『鄉人皆惡之，何如？』子曰：『未可也。不如鄉人之善者好之，其不善者惡之。』」

孔子所謂「鄉愿」，就是指偽君子，是那些看似忠厚，實際上沒有自己的道德原則、言行不一、隨波逐流、趨炎媚俗、四方討好、八面玲瓏的人。對此，後人也有很多呼應。東漢文學家徐幹在《中論》中寫道：「鄉愿亦無殺人之罪，而仲尼惡之，何也？以其亂德也。」清代的王永彬在《圍爐夜話》中寫道：「孔子何以惡鄉愿，只為他似忠似廉，無非假面孔；孔子何以棄鄙夫，只因他患得患失，盡是俗人心腸。」

行善之端曲，說的是端善與曲善。端善，說的是闡發於心，堅持原則，明辨是非，不曲意逢迎，心正可昭日月。曲善，說的是闡發於心計，無原則的和氣，沒立場的逢迎，其心一切是利己。端善與曲善，這也是世俗之人與聖人行善的本質區別。世人對善惡之觀念，常常顛倒黑白，認知已經混亂。了凡先生提出，可以從以下三個方面來區分端善與曲善：以濟世之心行善即是端善，以刻意討好之心行善即是曲善；以愛人之心行善即是端善，以怨恨世人之心行善即是曲善；以敬人之心行善即是端善，以算計耍弄之心行善即是曲善。總之，端曲全在一心一念，起心動念皆以「善」為核心即是端善，否則就是曲善。

現在，我來回答本講的問題：壞人做善事有用嗎？

壞人做的善事，若是假善、偽善，也就是所謂的「曲善」，對其毫無用處，只會讓他惡上加惡；若壞人做的善事是真善，也就是所謂的「端善」，當然有用了，會讓他消滅自己的罪惡，使命運朝著好的方向轉化。

第47講　隱藏的壞和悄悄的好

善良的學問之深，可能超出了很多人的想像。我們要學會善的學問，否則，即使是一味行善，也未必會有好結果，因為極有可能把善惡搞錯了。

接下來，我來解讀一下「行善八別」之三：辨行善之陰陽。

【原文】

何謂陰陽？凡為善而人知之，則為陽善；為善而人不知，則為陰德。陰德，天報之；陽善，享世名。名，亦福也。名者，造物①所忌。世之享盛名而實不副②者，多有奇禍；人之無過咎③而橫被惡名者，子孫往往驟發。陰陽之際微矣哉。

【注釋】

①造物：天造萬物，故稱天為「造物」。

②副：相稱。

③咎：過錯。

【白話】

什麼叫作陰善、陽善？凡是做善事被人知道，就是陽善；做善事不被人知道，則是陰德。有陰德的人，上天會給他福報；有陽善的人，會享受世人給予他的美名。美名是福，但也是上天所忌惡的。世間那些享有極大名聲而實際上名不副實的人，大多會遭遇意外的災禍；那些無緣無故背負惡名的人，他們的子孫往往會突然發達。陰德與陽善之間的關聯，真的是太微妙了！

「陽善陰德」是中華文化中一種很特別的道德觀念。在現實生活中，人們雖然也會聽到「祖上積了陰德」之類的說法，但似乎沒有太多人真正在意這類事情，更多人認為它有一層神祕的色彩。

古代有一位還算是恪盡職守，但最終成為笑柄的悲情君主——梁武帝。梁武帝善於思考，他會總結前朝滅亡的教訓，來完善自己的治國理政之道。他見慣了廝殺爭鬥，他也正是經歷了搏殺才最終上位的。但他並不想讓自己統治下的皇朝和子民走前朝的老路，所以他曾下決心要整治一番。他決定用宗教的方法感化這種暗藏玄機的厲政之風。

據相關史料記載，梁武帝在位期間，命人修繕、重建了許多寺廟等宗教建築。他身體力行，吃穿用度一切從簡，平日裡只穿素衣，被子一蓋就是兩三年，多年不近女色，只吃素食，並且每日只進食一頓。甚至朝堂之上，都有了宗教的氣息。梁武帝的這種「仁政」也確實發揮了一定的效果，彼時的梁朝成了一個政治穩定、經濟發達、人口眾多的國家，舉國上下一派和諧安寧。但他的善心並沒有感化那些企圖謀權反叛的人。當走投無路的侯景來投奔他時，他又一次善心大發，收留了侯景，還放心地將禁軍大權交予侯景。這樣的寬恕換來的卻是侯景與蕭正德的恩將仇報。最終，梁武帝活活被餓死在皇宮之中，淪為千古笑柄。

關於梁武帝的命運，歷史上評說很多。很多評說貌似有理，卻沒有說到根本。如果用《了凡四訓》中的方法分析，梁武帝之所以最終落得個淒慘的下場，是因為他所施行的「仁政」中隱藏著四個問題：一是行善過於張揚，並且包藏著私心；二是過分執著於形式，執念過重；三是身為皇帝，他的做法令很多人產生了巨大的壓力，因而產生抱怨；四是沒有進一步深入到行善的結果，所以導致惡果。

在我們的現實生活中，以為行善是正確的，因而就可以理直氣壯，甚至是很張揚的也大有人在，但是這樣的行善常常招來厄運。這難道是「好心不得好報」嗎？非也！行善之心是正道，但如果行善的方式過於張揚，甚至有意將自己裝扮成好人，這不是私心萌發了嗎？這樣做還有可能激發出一些人內心深處的一種「邪惡邏輯」：你是好人，那我是壞人？好人全讓你做了，那我呢？你這個好人的出現，讓我有了自己是壞人的感覺。你做善事是你的自由，但你做點善事就把自己裝扮成了好人，這可不行，我一定要找出能夠代表你惡的本質的事件，戳穿你的美麗包裝。

由此可以看出，善不僅會激發善，也會激發惡。

當然，如果一個行善的人已經去世了，其他人對其事蹟進行大張旗鼓的宣傳，號召大家都向他學習，這倒是相對安全的。因為活著的人大多不會跟已經去世的人計較，即使有人想敗壞這個行善的人的名聲，往往也無從下手。人類的科技文明在大步地前進，但人心的道德文明，在很多人那裡卻長期停滯，甚至倒退了，以至於做出禽獸不如的邪惡行為。

於是，一些洞察人間邪惡的人，就選擇了做不出名的行善者，做隱形的行善者，把善的能量做進自己的心、做進當事人的心，但絕不做成公開的展示品；否則，善就被汙染了。這是一種上善，老子將其稱為「玄德」。

善是學問，行善不易，好好學習，掌握善的智慧，時刻警惕心中可能出現的小惡，這才是人間正道。

第48講　行善時心中藏著一把尺

我們都聽過農夫與蛇的故事：一位善良的農夫看到路邊有一條凍僵的蛇，動了憐憫之心，將這條蛇放在懷裡暖，結果這條蛇緩過來之後，竟然把農夫咬死了。

我們也聽過東郭先生與狼的故事：東郭先生救了一匹受傷的狼，結果險些被狼咬死，一位農夫幫助他把狼打死了，並教育他說：「這種傷害人的野獸是不會改變本性的，你對狼講仁慈，簡直太糊塗了。」

有人認為，善可以感天動地，不能有分別心，這就是典型的沒有真正掌握行善的智慧，而是把行善當成了教條。即便是真正有用的道理，若是變成了僵死的教條，往往也會貽害無窮。以愛護動物為例，如果我們因為讀了農夫與蛇的故事和東郭先生與狼的故事，就對所有的動物都不再愛護了，甚至遇到蛇或狼這樣有危險的動物就不由分說直接打死，這就陷入了另一種極端。愛護動物也要講究方法，不能陷入教條主義，對有益的動物要愛護，對有害的動物就要提防。從另一個角度講，即使遇到可愛的、不會傷人的小動物，我們也不能貿然親近，而是要考慮牠身上是否有細菌；遇到有危險的動物一定要先保護好自己，如果我們連自己都保護不了，還怎麼去愛護動物？當然，也有善良的人養狼崽，與狼產生了感情，狼報答人類的事例，但我們需要思考的是：這樣的感情能持久嗎？萬一狼性發作，又如何做？這些情況裡面有很複雜的原因，不是可以輕易效仿的。

接下來我們來學習「行善八別」之四：**辨行善之是非**，讓我們看看行善中的大是大非，免得把行善變成了另外一種愚昧。

【原文】

何謂是非？魯國之法，魯人有贖人臣妾①於諸侯，皆受金於府②。子貢③贖人而不受金。孔子聞而惡之曰：「賜失之矣。夫聖人舉事，可以移風易俗，而教道可施於百姓，非獨適己之行也。今魯國富者寡而貧者眾，受金則為不廉，何以相贖乎？自今以後，不復贖人於諸侯矣。」子路拯人於溺，其人謝之以牛，子路受之。孔子喜曰：「自今魯國多拯人於溺矣。」自俗眼觀之，子貢不受金為優，子路之受牛為劣，孔子則取由而黜賜焉。乃知人之為善，不論現行而論流弊，不論一時而論久遠，不論一身而論天下。現行雖善，而其流足以害人，則似善而實非也；現行雖不善，而其流足以濟人，則非善而實是也。然此就一節論之耳，他如非義之義，非禮之禮，非信之信，非慈之慈，皆當抉擇。

【注釋】

①臣妾：指奴隸，男的稱為「臣」，女的稱為「妾」。

②受金於府：接受官府的獎金。

③子貢：本名端木賜，字子貢，是孔子的學生。

【白話】

什麼叫作是善、非善？魯國法律規定，若是有魯國人贖回被其他國家擄去做奴隸的百姓，都可以接受官府的獎金。孔子的學生子貢贖了奴隸，卻不接受官府的獎金，孔子聽說之後很生氣。他說：「子貢做錯了。聖人做事情，能夠改善民風，所教的道理要適用於百姓，而不應該只適合自己。現在魯國富有的人少，而貧窮的人多，子貢的做法等於是告訴人們接受官府的獎金是貪財，那人們怎麼會去贖人呢？從今以後，不會再有人去其他諸侯國贖人了。」孔子的學生子路救了一個溺水的人，那個人送了一頭牛答謝他，子路收下了。孔子高興地說：「今後魯國會有越來越多人勇於去救溺水的人。」以世俗眼光來看，子貢不接受官府的獎金是好的，子路接受別人的牛是不好的，孔子卻稱讚子路的做法而批評子貢的做法。從孔子的觀點我們可以看出，看人行善，不是看眼前，而是看是否會產生不良影響；不是看一時，而是看長遠的效果；不是看一人，而是看所有人。現在看來是做善事，對將來造成的影響卻足以害人，這樣的行為雖然看起來是善行，實際上卻是不正確的；現在看起來不善的行為，若是流傳開來能夠救助別人，實際上就是正確的。然而，這裡僅就這一件事來議論，其他如非義之義、非禮之禮、非信之信、非慈之慈，都應當認真分辨。

了凡先生在此借用了孔子教育兩個弟子的故事，提出了「是善」和「非善」的概念。我們平時也常常會談及大是大非。如何區分「是善」與「非善」呢？說得簡單一點，就是用大局來衡量。有利於大局的善，就是「是善」；不利於大局的善，就是「非善」。

什麼是大局？就是行善的行為會引發更多人的後續行為是什麼，這是評價行善之是非的關鍵所在。於是，行善這個主題，就有了一個超出行善者個體感知的大環境的標準。如果我們的行為是有利於集體、社會、國家和民族，能弘揚正能量，有利於人心向上向善的，就是「是善」；如果我們的行為只對自己有利，卻對大局不利，這就是「非善」。

「是善」與「非善」，拷問的是行善的大局觀、大勢觀。

有一位朋友對我說過他自己的觀念變化。這位朋友十分富有，幾乎什麼也不缺，還很有善心和公益心，做了不少善事。有一次，一個他幫助過的人要感謝他，帶了很多東西給他，他苦口婆心地好言相勸，最終沒有接受對方的謝禮。但對方沒有就此結束，之後又有兩次專門過來送東西表示感謝，他仍然拒絕了。就在這個關口，他頓悟了：我如此拒絕對方，會不會讓對方很難過呢？很顯然是的！於是，他就主動跟對方道歉，故意說上次送給他的某個東西他很喜歡，最後對方歡天喜地地又送來給他了。當然，對方臨走時，他也挑了一些適合對方的東西送給了對方。

這個故事也教育了我，因為我跟他有類似的經歷，後來，我也改了。當然，送東西感恩別人的人，自己也要想明白兩點：一是送東西感謝對方要得體，不要給對方添麻煩，不要讓人家犯忌諱，更不要讓人家犯錯誤，否則豈不是把你的恩人給害了？二是不要以為送點東西就把這份情給還了，你也可以向人家學習，也去幫助別人，或者換一種方式來報答對方，等等。總之，要借著善緣來學習，來擴大善的效應，並借此深悟行善這門學問背後的人生妙理。

第49講　不要讓包容變成縱容

在現實的人生當中，行善面臨著各種複雜的情況，如果不能懂得這些典型情況背後的規律，很可能多年行善，卻依然在善門之外。

比如，父母對孩子的溺愛會讓孩子生出很多毛病；比如，捧殺（過分誇獎或吹捧）會讓一個人舒舒服服地走向萬劫不復的境地；再比如，有的人很縱容你，總是替你考慮，總是向你妥協，卻讓你變得越來越壞。溺愛、捧殺、縱容，做這些事情的人未必是壞人，他們的願望一般都是好的，但都有一個共同的結果，就是讓對方變得越來越壞。

你見過這樣的情況吧？說不定你也做過類似的事情吧？

在本講中，我來解析一下「行善八別」之五：**辨行善之偏正**。

【原文】

何謂偏正？昔呂文懿公①初辭相位，歸故里，海內②仰之，如泰山北斗③。有一鄉人醉而詈之，呂公不動④，謂其僕曰：「醉者勿與較也。」閉門謝⑤之。逾年⑥，其人犯死刑入獄。呂公始悔之曰：「使當時稍與計較，送公家責治，可以小懲而大戒。吾當時只欲存心於厚，不謂養成其惡，以至於此。」此以善心而行惡事者也。

【注釋】

①呂文懿公：指呂原，明朝大臣，謚號文懿。

②海內：四海之內，指全國。

③泰山北斗：比喻為眾人所仰慕的人。

④不動：不為謾罵所動。

⑤謝：辭，這裡是「不理睬他」的意思。

⑥逾年：過了一年。

【白話】

什麼叫作偏善、正善？從前呂原先生剛辭去宰相之職回到家鄉，全國的人都很敬仰他。有一個同鄉喝醉了酒大罵呂原先生，呂原先生並不生氣，而是對僕人說：「他喝醉了，不要與他計較。」於是把大門關上不理睬他。過了一年，那個同鄉犯了死罪入獄，呂原先生才開始懊悔，說：「如果當時我與他計較，把他送進官府懲治一下，透過這樣的小懲治，可以給他一個大的提醒。當時我只想存心仁厚，卻沒想到助長了他作惡的氣焰，以至於讓他犯了死罪。」這就是出於善心反而做了惡事的例子。

前些年聽朋友講了一個與此類似的故事。一戶人家中有兄弟兩個，大哥是個非常勤奮的企業家，家底比較厚。弟弟從小受到父母的嬌慣，長大後十分不正經，好吃懶做，結交了社會上一些不三不四的人。這個弟弟經常打架鬥毆，多次被員警抓去，他非但不思悔改，反而變本加厲，最後沾上了命案，被判了無期徒刑。

和我講這個故事的就是故事中的哥哥，他向我請教對這個問題的認識，我就用《了凡四訓》中偏善的想法為他做了分析：若是當初早一點讓他弟弟受到懲罰和管教，也許還有希望，但他的父母愛子心切，犯了糊塗，他這個當大哥的也沒有做到很清醒，最終共同推著他的弟弟走向了深淵。他這樣的想法和做法，肯定不只是在他弟弟身上有所體現，在公司中也會有類似的做法。這位企業家頻頻點頭。

【原文】

又有以惡心而行善事者。如某家大富，值歲荒，窮民白晝搶粟①於市。告之縣，縣不理，窮民愈肆，遂私執②而困辱之，眾始定。不然，幾亂矣。故善者為正，惡者為偏，人皆知之。其以善心而行惡事者，正中偏也；以惡心而行善事者，偏中正也，不可不知。

【注釋】

①粟：泛指糧食。

②執：逮捕。

【白話】

也有存著惡心，反而做了善事的人。例如有一個富人，遭遇荒年的時候，窮人們大白天就在市場上搶他家的糧食。這個富人告到縣衙，縣官怕事不受理，窮人們就更加大膽放肆了。於是這個富人就私自逮捕了搶糧食的人，並懲戒了他們，那些窮人才安定下來，不然市面就要亂了。

所以，善良的行為是正，罪惡的行為是偏，這是每個人都知道的。那些出於善心卻做了惡事的，可以看作是正中的偏；存著惡心而做了善事的，可以看作是偏中的正。這樣的情況，不可以不明白呀。

行善這件事絕對沒有我們平時想的那麼簡單，其中有很多需要仔細參悟和把握的細節，往往正是這些細節決定了行善最終的定性。那麼，出於善心而做了惡事或出於惡心而做了善事，這類事情的本質是什麼呢？

以自己主觀的善心行善，卻做出了引發或者激發行善對象變惡的結果。以變惡的結果作為標準，這就是典型的偏善。何處偏了？在別人那裡的結果走偏了，走向了惡。這就是行善者主觀願望上的善，連著的是行善對象結果上的惡，這就是偏，是正中的偏，是正中走偏，簡稱「偏善」。

貌似以自己主觀的惡心、惡願作惡，卻做出了引發或者激發作惡對象變善的結果。以變善的結果作為標準，這就是典型的正善。何處正了？在對方那裡的結果走正了，走向了善。這就是行善者主觀願望上的惡，連著的是行善對象結果上的善，這就是正，是偏中的正，是偏中走正，簡稱「正善」。

辨別行善中的偏正，關鍵不是行善者本人的願望，而是要看在行善對象那裡的效果。如果一個人總是心存善願，卻又總是在別人那裡導致變惡的結果，估計自己也很難接受吧？如果一個人懷著善心，採取的是一種貌似惡的行動，卻在對方那裡產生了變善的結果，這不就是善的藝術、善的智慧嗎？

要具體問題具體分析，不要以為善念都能產生善果，要根據具體的人、具體的事來考慮行善的方法，以產生善的結果為導向。若是停留在對自己善念的執著上，而完全忽視了具體對象、具體情況，也不為最終結果的善惡考慮，這樣的善還有什麼值得提倡的呢？這樣的善不僅害人也會害己，又怎麼可能幫助自己改變命運呢？

了凡先生討論行善之偏正的問題，很有現實意義：對於執著於行善的形式而不管結果的人，有重要的提醒作用；對於既有善願也想追求善果的人來說，可能會開啟其行善的智慧之門。

了凡先生關於行善之偏正的討論，讓我想起了四句話。

第一句話是一則廣告中說的：「別看廣告，看療效！」

第二句話是：「智慧的人從來不為自己的願望辯護，因為他知道結果會說話！」

第三句話是：「如果在對方那裡的結果已經錯了，就不要為自己的願望辯護；否則，就只能說明兩個問題：一是行動者缺乏智慧，二是行動者缺乏反思能力。」

第四句話是：「善者不辯，辯者不善，事實勝於雄辯！」

第50講　奇妙的「半善」與「滿善」

善良是一種品性，是人性中的一種力量，更是一種深奧的智慧。行善，不僅僅是能夠照見一個人心底善惡的鏡子，也是衡量一個人心底的善是否純正的一把尺。假設有這樣兩種情況，你會怎麼看？

有一位億萬富翁，為受災的人捐了一百萬；還有一個乞丐，把當天乞討得到的不到一百元全部捐了出來，他寧願自己餓肚子。

有一個普通人，能力平平，處處為自己算計，沒有行善，也沒有明顯的大惡，一輩子就這樣生活著，到了晚年，卻窮困潦倒，臨終時身邊沒有一個親人；還有一個紈綺子弟，不務正業，欺男霸女，非常遭人恨，到了中年突然遇到一個善緣，一下子就覺悟了，於是痛改前非，還常常去幫助別人，最後落了個善終——可別小看

「善終」這兩個字，這可是很多人做不到的。了凡先生讓我們認識了評價善良的八個維度，之前我已經介紹了真假、端曲、陰陽、是非、偏正五個維度，接下來我們就來學習「行善八別」之六：**辨行善之半滿**。

【原文】

何謂半滿？《易》曰：「善不積，不足以成名；惡不積，不足以滅身。」《書》曰：「商罪貫盈①。」如貯物於器②，勤而積之，則滿；懈而不積，則不滿。此一說也。

昔有某氏女入寺，欲施而無財，只有錢二文，捐而與之，主席者③親為懺悔。及後入宮富貴，攜數千金入寺捨之，主僧惟令其徒回向而已。因問曰：「吾前施錢二文，汝親為懺悔；今施數千金，而汝不回向，何也？」曰：「前者物雖薄，而施心甚真，非老僧親懺，不足報德；今物雖厚，而施心不若前日之切，令人代懺足矣。」此千金為半，而二文為滿也。

鍾離[4]授丹於呂祖[5]，點鐵為金，可以濟世。呂問曰：「終變否？」曰：「五百年後，當復本質。」呂曰：「如此則害五百年後人矣，吾不願為也。」曰：「修仙要積三千功行，汝此一言，三千功行已滿矣。」

此又一說也。

【注釋】

①商罪貫盈：商，商朝。這裡指商紂王。商紂王已經是惡貫滿盈了。

②器：容器。

③主席者：這裡指寺廟住持。

④鍾離：指鍾離權，傳說中的八仙之一。

⑤呂祖：指呂洞賓，傳說中的八仙之一。

【白話】

什麼叫作半善、滿善？《周易》中說：「善行不累積，就不足以成就美名；惡行不累積，就不會引來殺身之禍。」《尚書》中說：「商紂王可謂是惡貫滿盈了。」

積善就像是往容器裡放東西。如果勤快，很快就會放滿；如果懈怠懶惰，就不會滿。這是關於半善、滿善的一種說法。

從前有一個女子到了寺院，想布施，但是沒有太多錢，就把身上僅有的兩文錢捐了，寺廟住持親自為她主持懺悔儀式，以期消除業障。後來這個女子被選入宮富貴了，就帶幾千兩銀子到這個寺院供養，住持叫徒弟為她主持懺悔儀式。這個女子問住持：「我上次只捐了兩文錢，您就親自為我主持懺悔儀式；現在我捐了幾千兩銀子，而您卻不為我主持懺悔儀式。這是為什麼呢？」住持回答說：「上一次你布施的錢雖然很少，但是你的心非常虔誠，我如果不親自為你主持懺悔儀式，就不足以報答你的功德；這次你布施的錢雖然很多，但是你的心沒有上一次虔誠，我讓徒弟代我主持懺悔儀式就足夠了。」所以，若是心不虔誠，即便布施數千兩銀子，也只能算是半善；若是心足夠虔誠，只布施兩文錢也算是滿善。

鍾離權把煉丹術傳授給呂洞賓，能夠點鐵為金，可以用這些黃金來救助世上的窮人。呂洞賓問道：「這鐵變的金子，還會再變化嗎？」鍾離權回答說：「五百年以後，這些金子會恢復成鐵。」呂洞賓說：「這樣就害了五百年之後的人，我不願意這樣做。」鍾離權說：「修道成仙，要累積三千件功德，你這一句話，就使這三千件功德修滿了。」

這是關於半善與滿善的又一種說法。

【原文】

又為善而心不著[①]善，則隨所成就，皆得圓滿。心著於善，雖終身勤勵，止於半善而已。譬如以財濟人，內不見己，外不見人，中不見所施之物，是謂三輪體空，是謂一心清淨，則斗粟可以種無涯之福，一文可以消千劫之罪。倘此心未忘，雖黃金萬鎰[②]，福不滿也。此又一說也。

【注釋】

①著：執著。

②鎰：古代重量單位，二十兩為一鎰。

【白話】

此外，如果行善而內心不執著於自己在做善事，隨緣做成善事，就是滿善；如果內心執著於自己在做善事，即便一輩子都在勤勉努力地做，也只能算是半善。比如用財物去幫助別人，對內不見自己在幫助別人，對外不讓被幫助的人感覺到自己是在幫助他，中間不見所施送的財物，這就是「三輪體空」，這就是「一心清淨」。這樣做，一斗穀物就可以為自己帶來無邊無際的福報，一文錢就可以消除千劫以來所犯下的罪惡。如果內心執著，對自己所做的善事念念不忘，那麼即使施捨了萬鎰黃金，也得不到圓滿的福報。這是關於半善、滿善的又一種說法。

了凡先生提出的「半善」和「滿善」之說，實在是奇妙，其算帳的方法有點出乎常人的想像，展示的是四種關於半與滿的說法。

第一種：善惡如同往一個容器中放東西。善連續地累積，足以成名；若不積善，自然就不足以成名。惡連續地累積，就會引來殺身之禍；惡若不積，也就不足以滅身。

第二種：心不真誠，布施數千金也只有半善；心真誠，布施兩文錢也是滿善。

第三種：積善再多，有一念於人不利，也最多算是半善；選擇時面臨誘惑，心中只有一念，就是利人，這就是滿善。

第四種：雖然一生勤勉做善事，卻總把自己做的善事放在心上，也就是總自以為做了善事，做得再多也是半善；如果不把多做善事放在心上，不管做得大小多少，都是滿善。

這些行善的學問，若是缺了一項或者缺了幾項，豈不是再努力行善也只能事倍功半了？行善真的是一門複雜的學問哪！

第51講　用什麼標準衡量善的大小？

上學時，我們總聽老師說三觀，也就是世界觀、人生觀、價值觀對人生影響有多大。如果一個人三觀不正，才華越高，能力越強，成績越大，遇到危險的可能性也越大。

一個人若看世界是片面的而不是系統的，是表面的而不是本質的，是負面的而不是正面的，是靜止的而不是動態的，就會帶著一種錯誤的世界觀看世界，人生也就充滿了錯誤。

一個人的人生觀若是以自我為中心，只講索取，不講奉獻，置他人、社會和國家於不顧，那麼他必然會為自己打造一個人生的牢籠。

一個人的價值觀若是利己的而不是利他的，看重物質而不看重精神，看重成績和位置而不看重自己的品格與修養，即使勤奮努力，最終也很難有好結果。

接下來，我們來學習「行善八別」之七：辨行善之大小。

【原文】

何謂大小？昔衛仲達為館職①，被攝至冥司②，主者命吏呈善惡二錄。比至③，則惡錄盈庭，其善錄一軸，僅如箸而已。索秤稱之，則盈庭者反輕，而如箸者反重。仲達曰：「某年未四十，安得過惡如是多乎？」曰：「一念不正即是，不待犯也。」因問軸中所書何事，曰：「朝廷嘗興大工，修三山石橋，君上疏諫之，此疏稿也。」仲達曰：「某雖言，朝廷不從，於事無補，而能有如是之力？」曰：「朝廷雖不從，君之一念，已在萬民；向使聽從，善力更大矣。」故志在天下國家，則善雖少而大；苟④在一身，雖多亦小。

【注釋】

①館職：唐宋時期，在昭文館、史館、集賢院等官署裡擔任修撰、校勘等職務

的官員。

②冥司：陰間的官府。

③比至：等到（把簿冊拿來）。

④苟：如果。

【白話】

什麼叫作大善、小善？從前，衛仲達擔任館職時，靈魂被押送到陰間的官府，主審的官員命令手下把記錄他善惡的簿冊呈上來。等簿冊送到，記錄惡行的簿冊竟然擺滿了大堂，而記錄善行的只有一根筷子那樣細細的一小卷。主審的官員吩咐人拿秤來稱，擺滿了大堂的簿冊反而比較輕，那卷像筷子一樣細的簿冊反而比較重。衛仲達問道：「我還不到四十歲，怎麼會犯下這麼多過失與罪惡？」主審的官員回答道：「只要產生一個不正的念頭就是過失與罪惡，並不是等到行動了才算過失與罪惡。」衛仲達問那一小卷寫的是什麼，主審的官員說：「朝廷曾經要大興土木工程，修建三山石橋，你向皇帝上奏章勸阻，這卷紙就是你的奏章底稿。」仲達說：

「我雖然勸阻了，但是朝廷並沒有聽從，對事情沒有任何幫助，怎麼能有這樣大的力量？」主審的官員答道：「雖然朝廷沒有聽從，但你的念頭已經在為萬民著想了；如果朝廷當時聽從了你的勸阻，你的功德就更大了。」因此，如果是為了天下百姓和國家，即便是很少的善行，也是很大的功德；如果只是為了自己，即便是很多的善行，功德也會很小。

了凡先生用「陰間算帳」的方法，為我們展示了善之大小的甄別方法和衡量標準。有一些人對了凡先生的這種寫作手法頗為不適應，甚至覺得了凡先生在寫鬼怪小說。實際上，由於時代不同，人們對文化的表述方式也會有差異，我們在讀古人的文字時，如果對其表述方式有一些不理解，就著重看其所表達的思想。

透過學習了凡先生的上述思想，我們可以得到三點啟示。

第一點：善惡皆從一念起，只要起念，即使沒有行動，善惡已經產生了，對個人善惡的計數就已經開始。有人可能會說：「怎麼有了念頭就已經開始計數了呢？」這是因為，念頭一旦生出，就會變成一種主觀事實。我們很多人只是熟悉客觀事實，卻不知道念頭在我們心中會成為一種主觀事實，會對人生產生重大影響。因為很多外部的客觀事實，往往就是由隱藏在心中的那個主觀事實所造成的。

第二點：若是善惡之念涉及的人較少，影響較小，善惡的分值也就偏低。故而，小惡數量多，但總分不一定高；善的數量少，但總分也不一定低。

第三點：人這一生，即使小惡難以除盡，也要高度警惕，避免其連續累積，最終量變產生質變，導致大惡毀身的結局。人這一生，不要僅在小善上下功夫，還要提升自己的境界與能力，在面對涉及社會、國家和民族大事時，敢於仗義執言，能夠提出建設性的意見與方案。只要真誠用心，不夾雜私心，行善的分值就會很高。

當然，我們懂得了這樣的算法之後，就不要再去想，否則還是動了功利心，就又會生出一個更大的禍害。說來說去，就是一句話：「**但行好事，莫問前程。**」

第52講　喜歡做難事的人都有大福命

一個人的重大進步和突破，往往來自一些重大的挫折和磨難。明白了這個人生規律的人，在遇到困難和磨難的時候，就會有一種慶幸和興奮的感覺。因為只要突破了困難，在磨難中讓自己產生蛻變，就極有可能讓自己的人生躍上更高的臺階。

接下來我們就一起學習行，「行善八別」之八：辨行善之難易。

【原文】

何謂難易？先儒①謂克己②須從難克處克將去。夫子論為仁，亦曰先難。必如江西舒翁③，捨二年僅得之束脩④，代償官銀，而全人夫婦⑤；與邯鄲張翁，捨十年所積之錢，代完贖銀，而活人妻子：皆所謂難捨處能捨也。如鎮江靳翁，雖年老無子，不忍以幼女為妾，而還之鄰，此難忍處能忍也。故天降之福亦厚。凡有財有勢者，其立德皆易，易而不為，是為自暴。貧賤作福皆難，難而能為，斯可貴耳。

【注釋】

①先儒：指古代儒家聖賢。

②克己：克制自己的私欲，約束自己。

③舒翁：舒老先生。

④束脩：十條肉乾，是古人相互贈送的一種薄禮，後代指弟子給老師的酬金。

⑤全人夫婦：保全一對夫婦不被拆散。

【白話】

什麼叫作難善、易善？從前儒家的聖賢說，克制自己的私欲要在難克制的地方下功夫。孔子在說仁德時也說要從難做處做起。一定要像江西的舒老先生那樣，他拿出在外地教書兩年所得的酬金代別人繳納官稅，保全了一對夫婦不被分開；也要像邯鄲的張老先生那樣，把十年來所有的積蓄拿出來代人繳了贖金，救了別人的妻子、兒女。這都是難捨處能捨。又比如鎮江的靳老先生，雖然年老無子，但也不忍娶幼女為妾，把他妻子買來當妾的幼女送還鄰居，這就是能忍受難以忍受的事情。所以，上天降給他們的福就厚。有財有勢的人建立功德是很容易的，容易卻不去做，那是自暴自棄。貧賤的人要行善積福是很難的，難做而能夠去做，就非常可貴。

很多人都有畏難情緒，遇到難事就想躲避，總想著選擇容易的事來做，這也算是人之常情吧。人生命運往往也是因這種選擇而不同：總選擇容易的事來做的人，也就選擇了人生的平庸；敢於選擇一般人規避的難事來做的人，往往會造就不凡的人生。

人生什麼最難？一個人做一件好事並不難，難的是一輩子做好事，不做壞事。**人世間什麼最難捨**？金錢難捨，敢捨的，都能改變命運；感情難捨，該捨就得捨，如此才有未來；仇恨難捨，留著只是自我折磨，捨掉就能解放自己；生命難捨，和平時期珍惜生命，國家危難時期捨命護國，彪炳千秋。

人間什麼難做？好人難做；無私難做；完全乾淨的心難做；捨出自己也很需要的利益去幫助陌生人，難做；被別人傷害了還要反省自己、感謝別人，難做；一再受委屈，甚至被侮辱，還要保持平靜，難做；不具備條件但又必須去完成，難做；事情太多，找不到幫手，難做；親密的關係，保持長久穩定，難做；已經積惡太多，想要回頭，難做；長期習慣了某種生活或者環境，突然之間改變，難做……

但是，人若是想改變命運，就要從難處做起。

遇到容易做的事，就把它當成生活中的消遣吧。唯有一般人做不到、具有重大價值的事，對於改變命運的推動力才是巨大的。世上的事情本來就沒有難易之分，難易因人而異，難易會隨著自己的狀態或者智慧的起伏而改變。**容易的事是留給愚人的毒藥，困難的事是留給天才的臺階**。徹底覺悟的人把事事變得容易，迷惑的人把事事變得困難。聖人老子說：「天下難事必作於易，天下大事必作於細。」如果參透聖人的話，就會豁然開悟。

第53講　比懲惡揚善更高明的是什麼？

我們都知道與人為善的道理，可是現實很複雜，也有很多不善良的人，與人為善能解決所有問題嗎？關於善良，不同的人有不同的看法：有人認為，善良要帶著一點鋒芒；有人深信「人善被人欺，馬善被人騎」；也有人認為，人欺人，天不欺人。每一種觀點似乎都有道理。看來，與人為善這件事還真是不簡單啊！

【原文】

隨緣①濟眾，其類②至繁，約言其綱，大約有十：第一，與人為善；第二，愛敬存心；第三，成人之美；第四，勸人為善；第五，救人危急；第六，興建大利；第七，捨財作福；第八，護持正法；第九，敬重尊長；第十，愛惜物命。

【注釋】

①隨緣：順應機緣。

②其類：行善的種類。

【白話】

順應著機緣救濟眾人，救濟的種類繁多，簡單地歸納起來，大約有十類：第一，與人為善；第二，愛敬存心；第三，成人之美；第四，勸人為善；第五，救人危急；第六，興建大利；第七，捨財作福；第八，護持正法；第九，敬重尊長；第十，愛惜物命。

行善也是一門學問，若是我們完全依靠自己的常識來行善，就會犯很多錯誤。如果我們用心學習了凡先生總結的行善十大綱要，就可以避免很多錯誤。我們先來學習排在第一位的「與人為善」。

【原文】

何謂與人為善？昔舜在雷澤①，見漁者皆取深潭厚澤②，而老弱則漁於急流淺灘之中，惻然哀之，往而漁焉。見爭者，皆匿其過而不談；見有讓者，則揄揚而取法之。期年，皆以深潭厚澤相讓矣。夫以舜之明哲③，豈不能出一言教眾人哉？乃不以言教而以身轉之，此良工苦心也！

吾輩處末世④，勿以己之長而蓋人，勿以己之善而形人⑤，勿以己之多能而困人。收斂才智，若無若虛⑥，見人過失，且涵容⑦而掩覆之，一則令其可改，一則令其有所顧忌而不敢縱。見人有微長可取、小善可錄，翻然捨己而從之，且為豔稱⑧而廣述之。凡日用間⑨，發一言，行一事，全不為自己起念，全是為物立則⑩，此大人天下為公之度也。

【注釋】

①雷澤：古澤名，在今山東菏澤東北。

②深潭厚澤：指水深的地方。

③明哲：聰明，懂道理。

④末世：社會風氣不好的時代。

⑤形人：反襯出別人的惡行。

⑥若無若虛：就好像一無所有，比喻有真才實學的人不露鋒芒。

⑦涵容：包涵、容忍。

⑧豔稱：讚美。

⑨日用間：平常時候。

⑩為物立則：向大眾樹立榜樣。

【白話】

什麼叫作與人為善？從前舜在雷澤，看見捕魚人都搶占水深魚多的地方，而年老體弱的就只好在水流急、水淺的地方捕魚，舜就很哀憐他們，於是他也到那裡去捕魚。舜看見那些搶占有利位置的人，就掩飾他們的錯誤而不說起；看見把有利位置謙讓出來的人，就讚揚他們、效法他們。一年之後，捕魚的人們都互相謙讓水深魚多的地方了。以舜的英明智慧，難道不能夠講一番道理來教導那些打魚的人嗎？他不用言語教育人，而是以身作則，潛移默化地改變人們的思想和行為，真是用心良苦啊。

我們生活在這世風日下的時代，不要用自己的長處去打壓別人，不要以自己的善良去反襯別人的錯誤，不要以自己的才能來凸顯別人的無能。要收斂自己的才智，不露鋒芒。看見別人有過失要包涵容忍，並替他們遮掩，這樣做一是讓他們有機會改正錯誤，二是使他們有所顧忌，不至於放縱自己。看見別人有細微的長處值得肯定，小小的善行值得記下來，就要捨棄自己不及他們的地方，效法他們，並且稱讚他們，宣揚他們的事蹟。在平常時候，講一句話，做一件事，都不要為自己著想，而是要向大眾樹立榜樣，這就是道德高尚的人以天下為公的氣度。

與人為善，這種做法大多數人是認同的；將與人為善作為做人的一個基本原則，大部分人也是認同的。可是，在現實生活中，我們經常會遇到不肯這樣做的人。

聖人們總是說要寬容、包涵和體諒別人，難道遇到問題就要繞著走嗎？迴避能夠解決問題嗎？這是許多人心中的兩個結，它們導致人們在日常生活和工作中經常犯兩個經典錯誤。

第一個錯誤是遇到為人處事不善良的人，就去教育和糾正他們，教育了無數次，也糾正了無數次，問題卻沒有從根本上解決。

第二個錯誤是遇到問題敢於鬥爭，不做爛好人，可是批評了，甚至也處罰了，問題還是不斷地出現。

任何重複發生的問題，都在告訴我們：我們是在一個自己沒有開竅的地方做無用功。也許，很多人只是很籠統地知道與人為善，至於與人為善的原理和技巧，並沒有仔細琢磨。

如果你心思純正，與人為善時不是卑躬屈膝，而是帶著正心正念，以端莊友善的姿態去做，就能跟人心做一個奇妙的連結——真正的善良，只要持續下去，人心就會被感化。若是按照自己的主觀標準與那些跟自己不同的人鬥，往往只會使矛盾惡化，而不利於解決問題。我們要敢於鬥爭、善於鬥爭，但是一定要記住：一切鬥爭的都是真理，而不是人。

這些事若是想不明白，一念之差，就可能走錯了方向。

第54講　人人心中都有一個善的開關

心不善的人，一般不會有好的命運。但是，為什麼很多覺得自己心善的人，也沒有好的命運呢？行善是一門學問，接著上一講對「與人為善」的分析，我與大家分享一下「與人為善」的四大原理。

第一原理：我們所做的一切都是為了促進個人成長。

家庭也好，團隊也罷，實際上都是育人機構。生活和工作中的一切都只是道具，我們的核心目的是借著做事來完成自己的成長。任何人，包括領導者與管理者在內，重點都不是做事，而是將做事作為一個形式、道具或者載體，幫助人們學會做人，讓自己每做一件事都能獲得成長，只要個人成長了，其他的一切都會得到改變。如果做事總是出現問題，那一定是做人出了問題，成長出現了停滯。

儘管我們也會儘量去篩選出合適的人，但對於每個人來說，只要加入一個新的團隊，就需要重新學習和適應，並盡快成為新團隊這部機器的合適零件，進一步做出貢獻。當然，任何一個新的團隊都需要有關於這個團隊作為一部整機及其零件的詳細技術標準。這個標準中，就必然包括如何做人做事，而不能僅僅是做事的標準。同時，要有強而有力的機構來對大家進行相關的培訓，留給大家一個合適的適應期，然後再納入考核。唯有如此，才能有效地促進每一個個體按照標準不斷成長。

第二原理：最好的教育就是榜樣的力量。

標準有了，培訓有了，技術操作又是什麼樣的呢？做出來是什麼樣的？做錯了又是什麼樣的？引發的後果是什麼樣的？在人的成長過程中，這樣的具體示範極其重要。那些籠統、原則性的教育，若是沒有這些技術性的示範與操練，最終只能成為正確的廢話。實際上，這涉及我們自身的成長。如果我們自以為是地認為只有自己是正確的、高等的，而別人就是錯誤的、低等的，那這種自戀、自大的狀態本身就是可笑的。

在了凡先生引用的事例中，舜就沒有指責和糾正那些在捕魚過程中爭位置的人，而是自己做了一個示範。他摸準了人心的門道，沒有使用更多的言語，尤其是對有過失的人避而不談，但對懂得謙讓的人卻讚揚、效法，最終取得了很好的效果。這樣的做法，我們可以稱為「舜操作」。在現實生活中，許多父母對孩子、上級對下級，都是與「舜操作」恰恰相反的：遇到有過失的人就指責或者怒罵，對做對的人卻又輕描淡寫。

「舜操作」的妙處在哪裡呢？為何大部分人都做錯了呢？這就涉及我們要說的第三原理。

第三原理：每個人都想把事情做好，做不好是不符合本來願望的，也是不符合自身利益的。

有了他人作榜樣，每個人心中都生出了四大渴望：一是希望把事情做好；二是希望避免把事情做壞；三是因為不小心或者沒有能力而沒把事情做好時，希望得到指導和幫助；四是自己做對了的，希望得到確認、肯定和鼓勵。前兩個渴望是人們心底的聲音，後兩個渴望則是面對別人時的「善教之法」——無視眾人的錯誤，直奔優點和美好而去，並且肯定優點和美好。

如此這般，人心中的善惡兩種力量就會發生奇蹟般的變化：被激發之善的力量會迅速增長，因而會提升智慧，提升人格特質，振奮積極的心理狀態。而那些直接被無視的過失，就像是做了虧心事的小賊一樣心虛，沒被指責但也在發抖，會自動減少乃至消失。只要依這個趨勢進行下去，持續提升，持續自我突破，人心中的兩種力量就會發生翻天覆地的變化。自然，命運的內在動力與未來的前景就會改變。

第四原理：當人心中的善的能量得不到激發，惡的能量不斷受到刺激時，惡就會成為主導性的力量。

當我們不明白上述人心原理，做出違背它的事情時，就會變成這樣一個局面：父母或者領導者不懂人心原理，簡單粗暴地指責和訓斥孩子或者下屬，激發了對方惡的力量，沒有提升善的力量，於是惡就在對方的心裡成為主導性的力量。而各種過失不斷發生，實際上就是被激發之惡的力量的報復——讓問題變著花樣地發生並日益惡化，以此來懲罰無知無能的父母和領導者。

明白了人心的四大原理，我們就可以把與人為善的方法概括為以下四個方面。

第一：改心。不要把別人當成工具，不要認為孩子和下屬就是無知的，不要強硬、粗暴地要求他們順從，而是要提升自己的責任感，並不斷地讓自己成長，進而有效地帶動和引領他們。

第二：閉嘴。不要喋喋不休地說教，要耐心地去做標準示範。

第三：直奔優點。無視別人的過失，直奔他的優點去給予讚美、肯定和鼓勵，順便向前展望，讓他看到可以做得更好的樣子。

第四：醒悟。不要因為問題頻發和不斷惡化而讓自己繼續犯錯，那些問題就是對自己無知無能的懲罰。要找到問題的根源並加以改善，按照聖賢教化的方法，配合人心的原理加以引導。如此這般，人間將會出現意想不到的美好景象。

「與人為善」不僅僅是自己的主觀願望，更應該是符合人心原理的智慧方法。

第55講　愛敬可愛可敬之人也有錯？

當我們只知道一個美好的概念，卻不知其中的原理和操作技巧時，就很難有效地實踐這個美好的概念。我們來學習在了凡先生總結的行善十大綱要中排第二位的「愛敬存心」，了解我們常犯哪些錯誤，從而學習智慧的方法。

【原文】

何謂愛敬存心？君子與小人，就形跡觀，常易相混，惟一點存心處，則善惡懸絕，判然[1]如黑白之相反。故曰：「君子所以異於人者，以其存心也。」君子所存之心，只是愛人敬人之心。蓋人有親疏貴賤，有智愚、賢不肖[2]，萬品[3]不齊，皆吾同胞，皆吾一體，孰非當敬愛者？愛敬眾人，即是愛敬聖賢；能通眾人之志，即是通聖賢之志。何者？聖賢之志，本欲斯④世斯人，各得其所。吾合⑤愛合敬，而安一世之人，即是為聖賢而安之也。

【注釋】

①判然：差別分明的樣子。

②不肖：品行不好。

③萬品：各式各樣。

④斯：這。

⑤合：都。

【白話】

什麼叫作愛敬存心？君子與小人，如果從他們的外表、行為來看，常常容易混淆，只是從存心這一點來看，他們的善惡差別就像白與黑一樣完全相反。因此說：「君子之不同於常人的地方，就在於存心不同。」君子所存的，只是愛人、敬人之心。人有親近與疏遠、尊貴與卑微、智慧與愚鈍、有德與無德之分，各式各樣，都不相同，但都是我的同胞，與我一體，哪個人不應當受我敬愛呢？愛敬眾人，就是愛敬聖賢；能懂得眾人的心願，就是懂得聖賢的心願。為什麼呢？聖賢的心願，本來就是要使這世上的人都各得所需。我愛護所有的人、尊敬所有的人，使世上所有的人都身心安定，這就是替聖賢實現了他的心願哪！

孔子曰：「己所不欲，勿施於人。」也有諺語說：「好人好自己，壞人壞自己，損人絕不利己。」對世人要常存愛敬之心，這是行善修福非常重要的方面。為了方便把「愛敬存心」這個話題說得更加明白，我們從以下四個問題展開論述。

第一個問題：為何行善要從心開始？

因為心決定著我們的行為和結果，決定我們看到的和我們所遇到的。這就是「愛敬存心」這個主題中隱含的第一個原理，即心源原理：一切源於心，一切由心決定，一切都是心的展示。

第二個問題：為何人會分成君子與小人？

這是因為心的不同：心的動力與方向不同，心所決定的思維、語言和行為，及其結果也不同。這就是「愛敬存心」這個主題中隱含的第二個原理，即成人原理：**你心裡裝著的內容，決定著你成為什麼樣的人；你成為什麼樣的人，就會有什麼樣的命運。**

第三個問題：愛敬別人只是一種禮貌嗎？

首先，愛敬別人是一種禮貌，有利於我們與別人建立第一個友好的關係。我們都有過這樣的體會：那些恨別人或者不尊敬別人的人，很難與別人建立友善和諧的關係。如果與周圍人沒有友善和諧的關係，一個人的內心就會覺得孤獨，時間久了就會影響自己的生活和事業的進展，還會影響身心健康。

其次，愛敬別人不僅是一種禮貌，更是一個正常人的正常之心的本色。

若是不愛別人，就會對別人冷漠、無視、不友善，甚至是仇恨。看看那些對別人表現出這種態度的人，有幾個好命的呢？一個人心中若沒有足夠強大的愛的能量，就只剩下冰冷。人是生命，人面對的更多也是生命，一個人如果對人沒有熱情和友善，通常也會被對方視為不友好，於是很容易形成對立。

不尊敬別人，就會怠慢別人，傲慢地對待別人，讓人感覺沒有教養，也會被一些修養不高的人敵視，甚至會與人產生衝突。這就是「愛敬存心」這個主題中隱含的第三個原理，即往返原理：**正所謂「愛出者愛返，福往者福來」，一切都是來回往返的，你遇到的都是你曾經送出去的，你收穫的也都是你前期播種的。**

第四個問題：人生命運的好壞就是與他人關係的好壞嗎？

別以為鏡子裡的你就是你的真身，那只是你的影像。每個人來到世上，都在尋找自己生命中丟失的部分，所遇的人都是你生命的一部分。

你若是排斥和嫌棄你所遇到的人，就意味著你拒絕了自己生命的某一部分，也許是一個健康的身體，也許是開啟靈魂中一個靈竅的鑰匙。你排斥和厭惡的越多，你生命的完整性就越差。偉人們堅持為真理而鬥爭，在過程中打磨自己生命的零件，並把打磨好的零件安裝到自己的生命中，這就是他們的鬥爭哲學與智慧：既要鬥爭又要團結，鬥爭是為了更好地團結。

你遇到的人、你和他們的關係是友善還是敵對、你和他們友善或敵對的程度，決定著你的人生本質，自然也決定著你的命運。因此，人生經歷豐富的人往往會說：「你的人生成就的一多半，應該歸功於你的對手、你所遭遇的困難，以及你在奮鬥中遭遇的所有你不喜歡的人和事。」

如此看來，「愛敬存心」這個主題背後還隱含著第四個原理，即組合原理：所有的美德都在告訴我們如何為自己組裝一個美好的人生。

第56講　我成人之美，誰來成我之美？

有一種美德，叫「成人之美」。但現實生活中也有很多人想的是如何成自己之美。這兩者是什麼關係呢？我們來學習行善十大綱要中排第三位的「成人之美」。

【原文】

何謂成人之美①？玉之在石，抵擲②則瓦礫，追琢③則圭璋④。故凡見人行一善事，或其人志可取而資可進，皆須誘掖⑤而成就之。或為之獎借⑥，或為之維持，或為白其誣而分其謗，務使成立而後已。

大抵人各惡其非類，鄉人之善者少，不善者多。善人在俗⑦，亦難自立。且豪傑錚錚，不甚修形跡，多易指摘。故善事常易敗，而善人常得謗。惟仁人長者，匡直而輔翼之，其功德最宏。

【注釋】

①成人之美：成全別人的好事。

②抵擲：投擲，扔掉。

③追琢：雕琢，雕刻。

④圭璋：古代兩種貴重的玉制禮器。

⑤誘掖：引導，扶持。

⑥獎借：獎勵，讚許。

⑦在俗：生活在世俗社會中。

【白話】

什麼叫作成人之美？玉在原石中的時候，要是扔掉，它就同破瓦碎石一樣毫無價值；如果把它開取出來加以琢磨，它就會成為貴重的玉器。因此，我們只要看見別人在做善事，或者那人的發心很好，而且資質有發展潛力，就應當引導他，使他有所成就。或獎勵讚許他，或扶持他，或為他洗清冤屈，為他分擔所受的批評，一定要使他有所成就才罷手。

人大多討厭與自己不同類的人，一個地方善人少而不善的人多，善人在世俗社會中就很難立足。況且才智傑出的人，大多不注重外在的形式，就更容易遭到指責。所以做善事往往很容易失敗，而善人常常受到誹謗。只有大德之人，才能糾正人們的言行，來輔佐善人成就善事，這樣的功德最為宏大。

孔子曰：「君子成人之美，不成人之惡。小人反是。」這說的是：「君子成全別人的好事，而不促成別人的壞事。小人則與此相反。」

「成人之美」指的不是單純地幫助別人達成願望，而是幫別人達成美好、善良的願望。如果幫助別人做成了壞事，實現了目的，那也不叫成人之美，而是助紂為虐。因此，所謂「君子成人之美」，就是指有德行的人總是想著讓別人好，盡力為別人創造條件，成全別人的好事。這種助人達成美好、善良的願望的思想，體現了君子的高尚情懷。這種助人達成美好、善良的願望的行為，不但帶給人情感上的慰藉，還能給人生活或事業上的幫助，在幫助別人的同時也是在行善積德。

著名的社會學家費孝通老先生在自己的八十歲壽辰聚會上，意味深長地講了一句十六字箴言：「各美其美，美人之美，美美與共，天下大同。」

以上討論為我們展示了成人之美的四大原理。

成人之美的第一原理：自美原理。

此處所說的「美」，不僅是我們平常所說的外表之美，因為一個人的外表之美由心靈之美來決定。《周易》中說：「君子以自強不息。」如果一個人放棄了靈魂的自強，又有什麼樣的力量能夠讓自己生命不息呢？如果我們心中沒有美或者足夠的美的能量，怎麼可能擁有美麗的生命呢？相由心生，一個人的相貌會隨著靈魂中美的力量變化而變化。浮躁的人總是過分在意自己的外表之美，而忽視了外表之美是由心靈之美決定的這個規律。其實，若是讓自己的心靈不斷變美，就會有形象和舉止之美，也才會有成人之美的能力和心胸。

成人之美的第二原理：美人原理。

此處的「美人」，說的是用自己心靈中美的能量去幫助別人，成就別人，美化別人的人生，成就別人美好的命運。美人原理是建立在自美原理之上的。當一個人美好的心理能量充沛時，他才能夠去成人之美。又因為能夠成就別人之美，所以他能夠創造出雙方關係的和諧之美與共用之美。反之，當一個人美好的心理能量貧乏時，非但不會成人之美，還會成人之惡，這就讓自己淪為小人。那些嫉妒別人的人，非但不會成人之美，還會因為心裡的羨慕嫉妒恨，總是用邪惡的目光盯著別人的瑕疵，總是用陰毒的心去放大別人的缺點。這樣的人，不僅把自己心靈的醜陋展露在別人面前，往往還會帶給別人傷害，當然不會贏得別人的尊重，於是就會把自己與別人的關係搞壞。這樣的壞能量在人間傳播，不僅會讓更多人知道他內心的醜陋，還會沉澱在他自己心裡，變成讓心靈更加醜陋的負能量。這樣的負能量沉積到一定的程度，就會表現在相貌與身體健康上，更會波及生活和事業。當然，成人之美不僅僅是成全別人的願望，而且要有利於對方向著美的方向發展與成長。若只是一味地順從，則會讓對方變得越來越壞，那就是邪惡與無知的表現了。

成人之美的第三原理：異美原理。

真正的美，只有高尚的靈魂才配享用它。高尚的靈魂有一個重要的標誌，就是能夠欣賞各種不同的美。若是一個人只喜歡自己所喜歡的那種美而厭惡其他形式的美，其靈魂中展露出的就是狹隘與無知。比如，一個愛乾淨、長相端莊、打扮入時的人，若是嫌棄那些貧困但質樸的人，其心靈肯定是醜陋的。一個沉迷於自己的美麗而找不到別人的美麗予以欣賞的人，其內心大多是狹隘的。這樣的人，會被他嫌棄的人喜歡嗎？也許，在背後人們會感嘆：「可惜了那張漂亮的臉！」由此可見，一個人靈魂美麗的程度，可能就是由他能夠發現並欣賞其他形式的美的數量和種類決定。

成人之美的第四原理：共美原理。

當人們能夠自美、美人，並能夠達到異美的境界時，就能讓美的能量流動起來，讓相關的人都沐浴在美的海洋裡，每個人都能夠自美，每個人都在美人，大多數人都能欣賞異美，這種美的能量就能夠自養而養人。這才是大美的境界，才是最大限度地消滅人自身和人世間內耗的壯舉。

若是能夠在行善的過程中做到自美、美人、異美和共美，不是就能描繪出一幅極其美麗的人生畫卷嗎？

第57講　你的美好世界面積有多大？

在生活中，遇到不善良的人時，你會怎麼做？很多人會以不善良的態度來回應，而且會覺得這種以牙還牙的做法很過癮。其實，面對不善良的人，還有更好的應對方式供人們選擇。

第一種方式是隱忍。正所謂「小不忍則亂大謀」，隱忍者能成大事。總是因為忍不了一時、一事而影響大局，因為瑣事而陷入泥淖，這樣的人還怎麼成就大事？

第二種方式是感化。正所謂「能化敵為友者才是高人」，將敵人變成朋友，才是消滅敵人的上策。如果不能感化敵人而只會激化彼此之間的矛盾，那就意味著關係的惡化。長此以往，一個人就會陷入敵人的重重包圍之中。

第三種方式是繞過。能夠成事的人，還具備另外一種靈活的身段，那就是繞過敵人奔向自己的目標。因為衡量人生成敗的標準不是你戰勝了多少敵人，而是你能否實現自己的目標。

勸人向善會增加個人美好世界的面積，也會將人間的氛圍營造得更加美好。當然，勸人向善是需要功夫的。在順勢中成就一點事情不算什麼大能耐。能夠在逆勢中轉惡為善，轉敵為友，化腐朽為神奇，這才是真功夫。

接下來，我們就來學習在行善十大綱要中排第四位的「勸人為善」，看看能從中學習到什麼樣的智慧與方法。

【原文】

何謂勸人為善？生為人類，孰無良心？世路①役役，最易沒溺。凡與人相處，當方便提撕②，開其迷惑。譬猶長夜大夢，而令之一覺；譬猶久陷煩惱，而拔之清涼。為惠最溥③。韓愈云：「一時勸人以口，百世勸人以書。」較之與人為善，雖有形跡，然對症發藥，時有奇效，不可廢也。失言失人，當反吾智。

【注釋】

①世路：社會之路。

②提撕：警惕，提醒。

③溥：廣大，普遍。

【白話】

什麼叫作勸人為善？生而為人，誰沒有善良之心呢？人們在社會之路上辛苦地奔波，最容易沉淪。凡是與人交往，都應當適時開導他、提醒他，為他解開迷惑。就像他處於長夜夢中，要讓他覺醒；就像他長期處於煩惱苦境，要把他解救出來，讓他進入身心清涼的境界。這樣做對他的恩惠最為巨大。韓愈說：「一時勸人以口，百世勸人以書。」這與前面講的「與人為善」相比較，雖然有勸的形式，但也是對症下藥，時時會產生奇效，所以這種方法不可廢棄。對不該規勸的人規勸了，或者對該規勸的人沒有規勸，都是不明智的，我們應當反省自己智慧的不足。

孔子曰：「可與言，而不與之言，失人；不可與言，而與之言，失言。智者不失人，亦不失言。」

在現實生活中，我們有時候會見到一些惡行，讓我們失去內心的平靜，覺得社會少了一些溫情。如今，我們的物質生活條件改善了很多，但精神層面似乎反而增加了很多新的苦惱。關鍵是，好的物質生活可以讓人高興一時，精神的困苦卻會長久折磨著人的心靈。為何我們總能遇到那些不善良之人？我們該如何應對他們呢？讓我們透過解析當代人所面對的五個基本問題，來尋找答案吧。

第一個問題：什麼人會做傷害自己的蠢事？

在過去，人們一定會說，只有傻瓜才會做傷害自己的蠢事。在現代，傷害自己的事做得最多的卻是那些所謂的「聰明人」。他們出於利己之心去做事，最終卻損害了自己的利益，也因此失去了自己獲得未來利益的資格與機會。若是我們能夠用聖賢的智慧幫助那些傷害自己的「聰明人」，讓他們認識到自己的愚蠢，意識到唯有一心向善，才能耕種出自己的福田，善莫大焉。

第二個問題：什麼人是你永遠也叫不醒的？

這是當代一個比較流行的問題，答案當然也是流行版的「你永遠也叫不醒一個裝睡的人」。他為什麼要裝睡？因為他本能地去追逐外在的名利，一旦得手，外在名利或者權力與內在道德之間的落差又進一步加劇，他便一步步走向黑暗的深淵，即使睜著眼睛也看不到光明。若是我們能夠用亡羊補牢的思維，在他即將付出沉重代價時喚醒他，讓他明白內在決定外在、道德功夫決定外在智慧、超越名利回歸質樸、奉獻方能幸福平安這樣的道理，善莫大焉。

第三個問題：什麼地方精神病人最多？

這是一個精神病院的院長在與朋友聊天時提出的問題。朋友們聽了這個問題表情都很愕然。緊接著，一位朋友好像腦洞大開一樣說出了一句讓眾人驚愕片刻但又隨之默默點頭的話：「精神病院之外，精神病人最多。」

這實在是一個並不好笑的問題，那位彷彿智者的朋友給出的答案也讓人哭笑不得。現代教育遠比過去發達，掌握了很多知識的人要遠遠超過歷史上的人，但為何現在很多人精神上卻出現了問題？有人說，是因為外部的誘惑太多；有人說，是因為他們誤把自己的欲望當成了理想；有人說，是因為他們追求的東西太多，唯獨忘記了讓自己獲得成長；有人嬉笑著說，對於現代人來說，精神已經成了肉體的闌尾；還有人說，當代人的精神疾病實際上背後有更深層的原因，表現出來的只是精神的症狀，疾病的本質卻是「靈魂病」。

實際上，之所以出現這樣的亂象，很重要的一個原因，是這樣的人沒有接收到高維能量的指引與滋養。若是能夠用聖賢智慧把這些人的心智軌道與精神方向調整過來，也許就能治癒一些現代人的精神異常，結束靈魂的漂泊與流浪，善莫大焉。

第四個問題：非暴力犯罪中什麼人十惡不赦？

我們常說這樣一句話：「不怕沒好事，就怕沒好人。」經常有一些人看起來是站在你的立場上，做的卻是挑撥和煽風點火的事，讓你漸漸失去理智，最終做出不理性行為；他們雖然不是直接作惡者，但也是十惡不赦，其心可誅。

那些數典忘祖，賣身投靠，出賣人格，只是一心追求自己名利的人，傷害了國家和民族的感情與利益，其罪當誅，因其罪屬十惡不赦。

面對弱小的孩子，忽視或無力承擔自己的責任，反而實施語言或其他形式的暴力，讓幼小的心靈受到極大的傷害。這樣的父母、這樣的老師，亦屬十惡不赦之人。

第五個問題：什麼人容易遇到惡人？

很多時候我們覺得自己是好人，但又會因為遇到一些惡人而苦惱。實際上，好人與好人、惡人與惡人都是相互吸引的。當自以為自己是好人的人遇到了惡人時，惡人就是自以為是的好人用來照自己心底那份自己看不見的惡的一面鏡子，這些惡人實際上是照著這個所謂的好人心底的惡而來的。若是不相信，你可以看一看，自己所遇到的那些惡人，當他們遇到大善之人時，就會表現出善的樣子。這就證明了一個真理，你的善會招來善，你的惡也會招來惡。如果借著別人的惡能夠看到自己的惡，這也是一種重要的覺醒。

能夠勸人向善，也是對自己心中堅守善的原則與方向的一種證明，更是對自己善的能力的一種證明。若問世間什麼功德最大？勸人向善，勝過一切名利所得。

第58講　猶豫的人會錯過大造化

世界上有這樣一種人，當別人遇到麻煩或者倒楣時，他就莫名其妙地高興。實際上，他並沒有因為別人遇到麻煩或倒楣而得到任何好處。這就是幸災樂禍的心理，是一種不良的情緒，也是一種愚昧和因此而生的卑劣品性。世間真正的幸福和快樂並不是來自別人倒楣，而是來自自己的善良，來自幫助別人擺脫困苦與危機。是在別人身處順勢時幫忙，還是在別人身處逆勢時幫忙，也是衡量幫忙者善良程度的關鍵指標。

現在，我們就來說說行善十大綱要中的第五個行善智慧「救人危急」，看看我們此時此刻是否有足夠的善的力量來承擔這樣的特殊福氣。

【原文】

何謂救人危急？患難顛沛①，人所時有。偶一遇之，當如痌瘝②之在身，速為解救。或以一言伸其屈抑，或以多方濟其顛連③。崔子④曰：「惠不在大，赴人之急可也。」蓋仁人之言哉！

【注釋】

①顛沛：生活陷入困境，四處流浪。

②痌瘝（ㄊㄨㄥ ㄍㄨㄢ／tōng guān）：病痛，疾苦。

③顛連：困苦。

④崔子：指明代學者崔銑（ㄒㄧㄢ／xiān）。

【白話】

什麼叫作救人危急？憂患災難、生活困頓，這是人們時不時會遇到的。偶然遇到有人處在困頓之中，就應當像自己正在承受病痛之苦一樣，要趕快去解救他。或是用語言幫他申辯冤屈，或是用各種方法把他從困境中解救出來。崔先生說：「給人的恩惠並不需要有多大，能救人於急難之中就可以了。」這真是仁者之言啊！

若是被問到人類社會中最珍貴的是什麼，不同的人會有不同的答案。其中被提及最多的一個答案便是「在人生寒冷的時候遇到的溫情」。人生幾十年，誰都會遇到一些困難，若是遇到困難時眾人都在冷眼旁觀，而沒有人伸手相助，人生就會變得更加艱難。

對人性最大的考驗，就是是否會用自己的錢財，冒著連帶的風險去幫助一個不可能回報你的陌生人。在極個別的一些地方，詐騙已經成了一種「生意模式」，這一方面體現了詐騙者的墮落，另一方面也讓那些道德感薄弱的人感受到靈魂遭遇考驗時的顫慄。也許這只是某個時期暫時的現象，人們終會恢復人性的溫情。

那麼，**救人時可不可以先談好回報**？只要稍微思考，我們就會發覺這個問題的可笑之處。既然是救人，怎麼可以先談好回報作為條件呢？這不是趁人危難之際榨取別人的利益嗎？很顯然，這是極其不厚道的表現。如果是別人做生意遇到了困難向你借錢，並承諾給你高利息的回報，你該不該借錢給他呢？實際上，這樣的事首先是生意，其次是情誼。那這算不算是救人呢？那要看你是否真的有能力救他。如果他表面上是缺錢，實際上是缺少道德和能力，甚至他還向你隱瞞了困難的嚴重程度，此時他的問題很顯然就變成了一個坑，你非但填不滿這個坑，你自己也有可能被拖進坑裡。如果你掌握了這些情況，心中就要清楚：如果幫不了，就不要幫；如果幫，既需要情意，更需要能力。當然，不幫，也不算是失了本分，因為生意場上的規則就是這樣的。

怎麼才算是幫人幫到底呢？當然是幫助對方達到了最終的效果，或者為最終的結果做出了決定性的貢獻。若是別人苦苦相求，你的能力又有限，該怎麼辦呢？當然不能硬撐著，要直言相告，以免耽誤他向其他人求助。在這種時候，千萬不能不好意思。

救人於危難會有多大的功德呢？人間最大的功德，莫過於救人一命或者救人於危難之中，挽狂瀾於既倒，扶大廈之將傾。一些善良而智慧通達的人明白了這樣的人生道理，於是就投資辦學開啟眾人心智，建立養老院讓老人有所養，收留孤兒讓孩子重新有個家，幫助有問題的孩子恢復正常，協助破碎的家庭重歸於好，讓內心受過傷害的人對生活重拾信心，留下善書啟迪無數人的良心與善良，等等。說起來，能夠救人脫離苦難，就是功德最大的善行。

收養流浪的動物能累積功德嗎？將動物放生能累積功德嗎？養寵物能累積功德嗎？這三個問題所涉及的收養、放生、養寵物，倒是都反映出了對生命的關懷，只是要注意方法：收養流浪的動物，需要付出很多時間、精力和財物，在這些方面你若是沒有困難，當然也算是對生命的慈悲情懷。但同時應該知道，對動物的情懷不可優先於對人的慈悲，也就是說，一方面收養動物，另一方面卻對人不善，你的慈悲會大打折扣。將動物放生的問題，也要看具體情況，若是在表現自己慈悲的同時還隱含著自己的個人利益訴求，放生了動物卻唯獨不放過自己，也不放過身邊的人，卻又去苛求自己幸福和美好，這就肯定是算錯帳了。至於說養寵物有沒有功德，很簡單，可能是寵物對主人的功德大於主人對寵物的功德吧？對此，我想說的是，不要把什麼都跟功德扯在一起，否則，就又是一種痴迷了。

若是一不小心救助了壞人，怎麼辦？既然有此特殊的機緣，那就勸他向善，勸他悔過贖罪。只要你努力了、盡心了，他如何選擇與你並無多大關係，不用有太大的道德負擔。

成功地救助了別人，可不可以收別人的禮物？象徵性的小禮物是可以收的，尤其是對方強力、反覆堅持的時候。為了讓對方心安，就要象徵性地收下，儘管你未必需要。但極其貴重的就不可以收，因為那樣做像是一種交易。來日方長，大家做個朋友，也許是最好的選擇，對彼此來說也是最大的收益。

由此來看，如果在醫院裡醫生救治危難的病人是一種道義和責任，需要有專業技術的話，那在社會中的救人也是一門很特殊的學問，而且是每個人都應該掌握的。

第59講 「捨得」被很多人扭曲了

說起「捨得」文化，很多人都很熟悉。很多企業家的辦公室都掛著寫有「捨得」二字的牌匾，也有一些人總在念叨：「捨得捨得，不捨不得，小捨小得，大捨大得。」

在這裡，我們就來說說行善十大綱要中排在第六位的「興建大利」和排在第七位的「捨財作福」，看看我們能夠從中學習到什麼樣的智慧與方法。

【原文】

何謂興建大利？小而一鄉之內，大而一邑之中，凡有利益，最宜興建。或開渠導水，或築堤防患；或修橋梁，以便行旅①；或施茶飯，以濟飢渴。隨緣勸導，協力興修，勿避嫌疑，勿辭勞怨②。

【注釋】

①行旅：往來的旅客。

②勿辭勞怨：不辭辛苦，不怕抱怨。

【白話】

什麼叫作興建大利？小到一個鄉，大到一個縣，凡是對大眾有利益的事情，就應該去做。或是開挖溝渠，引水灌溉農田；或是修築堤壩，預防洪災；或是修架橋梁，方便往來的旅客；或是施捨茶飯，救助飢渴的人。順應機緣勸導民眾，大家齊心協力地去做有益的事，不辭辛苦，不怕抱怨。

善良的人總是為別人著想，見到弱小困苦之人，總想著去幫助他們。從古至今，在道德主流中的人就是這麼想、這麼做的。

實際上，善良、吃苦耐勞、智慧等特質是連成一體的。對人善良就是對自己善良，幫助別人就是幫助自己。甚至可以說，持續地幫助別人，就是在拯救自己的靈魂。這樣一段由善良啟動、驅動和支撐，由吃苦耐勞、自強不息的精神做保障，最終一定會產生智慧的思維方式，怎是那些算計眼前的人能夠洞察和理解的呢？

也許，精明與智慧的本質區別就在於：精明的人只為自己算計，智慧的人為別人考慮；精明的人盤算的是個人的短期收益，智慧的人計算的是眾人的全面長期收益；精明的人自我就是自己，智慧的人自我就是眾生。

【原文】

何謂捨財作福？釋門[1]萬行[2]，以布施為先。所謂布施者，只是「捨」之一字耳。達者[3]內捨六根[4]，外捨六塵[5]，一切所有，無不捨者。苟非能然，先從財上布施。世人以衣食為命，故財為最重。吾從而捨之，內以破吾之慳[6]，外以濟人之急。始而勉強，終則泰然，最可以蕩滌私情，祛除執吝。

【注釋】

①釋門：佛教。

②萬行：各式各樣的善行。

③達者：明白通達的人。

④六根：佛教用語，眼、耳、鼻、舌、身、意合稱為「六根」。

⑤六塵：佛教用語，色、聲、香、味、觸、法合稱為「六塵」。

⑥慳：吝嗇。

【白話】

什麼叫作捨財作福？佛教所提出各式各樣的善行，以布施為第一。所謂的布施，只是「捨」字而已。明白通達的人，對內能夠捨眼、耳、鼻、舌、身、意這六根，對外能夠捨色、聲、香、味、觸、法這六塵，自己身內身外所有的一切，全都能夠捨棄。如果我們還不能做到這些，就先從財物上開始布施。世上的人都靠衣食維持生存，所以很多人將錢財看作最重要的東西。我們就捨棄錢財，對內破除自己的吝嗇之心，對外救濟別人的危急。開始的時候會有一些勉強，慢慢地就會變得自然。這個方法最能消除人的自私，也有助於去除貪婪之心。

實際上，「捨得」文化是一種非常微妙的智慧，只是在現實中被很多不明真相的人扭曲了。

微妙之一：俗人皆想得，而你敢捨，你就是出類拔萃的不俗之人，你的靈魂已經站在眾俗之上，甚至具備了俯視眾生的高度。

微妙之二：俗人即使偶爾去捨，心中也在想著「借捨去得」；而你卻一心在「捨」，不生「得」之二念，謂之不貳。這是神聖之人的心智狀態，是在打開眾人的心靈頻道，是在跟眾人的心靈對話。

微妙之三：一心捨，無二得，這是近乎農家的智慧——留下最好的糧食做種子，而不是吃掉。將種子在合適的季節播種到地裡，順從種子生長的時間線，絕不去翻看，也絕不揠苗助長，用心地呵護，等到果實成熟的時候，自然就有了收穫。

微妙之四：經過一個從播種到收穫的過程，然後還要去養護土地，絕不是一味地去向大地索取。如此，才可以長久。

微妙之五：人生就是一個不斷獲取和捨棄的過程，因為一個人對於任何事物、利益乃至於自己的生命，都不具有永久的所有權。明白這一點的人，就能夠不斷地得到，又主動地不斷捨棄。到達人生終點時，靈魂因為沒有負擔而獲得徹底的自由。這才是人生的終極真相。

也許，最大的智慧就在人與自然的和諧關係中，而不是自私地去殺雞取卵；或者如同開車一樣，忙碌起來只知用車而不知保養；或者為了去辦什麼急事，即使剎車不靈也敢貿然上路。

現代聰明的人們到底是怎麼了？也許，當我們回歸質樸，回到田野，體驗耕種，用純心的「捨」去贖回我們出賣給名利的靈魂時，才能治好我們的心智異常和精神障礙。

第60講　命運的核心是你正在守護什麼

在動物界，動物們都會呵護自己的幼崽。在人類社會中，長輩也都會呵護年幼的孩子。這是動物和人類共有的一種最基礎性的情感。如果失去了這種情感和責任，就會威脅到種族的存續。

每個人在成長過程中，都會受到長輩、上司的愛護。當然，如果長輩、上司不愛護晚輩和下屬，就不會受人尊重。即使是朋友交往，雙方也都有義務共同維護彼此的友誼和情誼。當然，如果雙方不去共同維護，友誼和情誼就很容易被破壞。

平時，我們都在一個團隊中活動，每一個成員都有責任去維護這個團隊的聲譽。如果我們不去維護自己所屬團隊的聲譽，也就失去了作為團隊成員的資格。

每個人都隸屬於一個民族和一個國家，每個人都有責任去維護自己民族和國家的尊嚴，都有義務去為它的強盛做出自己的貢獻。如果不去維護自己民族和國家的尊嚴，甚至做出背叛和傷害民族與國家的舉動，就是全人類共同鄙視的叛徒。如果不去為自己的國家和民族貢獻自己的力量，也會被視為寄生蟲。

實際上，每個人都在維護著自己生命中最重要的力量。層次低的人維護的是虛榮和面子，自私的人維護的是自己的私利，英雄維護的是自己的民族和國家，偉人和聖人維護的是全人類的正義與真理。

一個人心中堅定不移地護持的力量，能夠讓自己的靈魂站在高地，這是一個人精神領域中最大的祕密。一個人若維護的是自己的私利，那就注定了他此生的渺小；若維護的是一種邪惡，那就注定了他此生的淒慘；若維護的是正義與真理、民族與國家，不管他身處什麼樣的地位，也都注定了他的偉大與崇高。

現在我們就來學習行善十大綱要的第八個智慧「護持正法」，重新審視和思考自己正在維護什麼。

【原文】

何謂護持正法？法者，萬世生靈[1]之眼目也。不有正法，何以參贊天地？何以裁成萬物？何以脫塵離縛？何以經世、出世？故凡見聖賢廟貌、經書典籍，皆當敬重而修飭[2]之。至於舉揚正法，上報佛恩，尤當勉勵。

【注釋】

①生靈：這裡主要指人。

②飭：整理。

【白話】

什麼叫作護持正法？正法，是萬世以來人們的眼睛。如果沒有正法，人怎麼幫助天地化育萬物呢？怎麼能夠剪裁、成就萬物？怎麼能夠斬斷煩惱、擺脫塵世的束縛？怎麼能夠治理國家或超越塵世？因此，凡是見到廟堂、聖賢畫像、經書典籍，都應當敬重並進行修復整理。至於弘揚正法、報答佛祖等聖賢的教化深恩，更應該鼓勵。

看到「護持正法」這樣的字眼，很多人自然聯想到了宗教，進而又自然聯想到了寺廟、道觀裡迷惘的眾生。對於這一類現象，一些學習科學的現代人似乎不以為意。先不論世界上其他國家的宗教之真偽或者正邪，先就儒、釋、道三家思想來說，道家學派創始人老子，大約比孔子年長二十歲，也被孔子尊為師長。老子為後人、為世界提供了一部五千言的《道德經》，受到世界的推崇，流傳兩千多年而歷久彌新，幫助無數人提升了智慧。儒家以孔孟為代表，主張「仁義」思想，為世俗道德奠定了堅實的人文根基。釋家則是一位放棄了王子身分和榮華富貴的皇宮生活的人，毅然決然地投入為萬民尋找解脫痛苦的方法的智途中，透過苦修和靜思，覺悟了生命和人生智慧，為很多人找到了人生的光明大道。

我們不僅僅要愛國，要保護自己國家的領土，保護自己國家的文化，更要維護自己的祖宗和他們偉大的思想，因為這是我們的「精神國土」。

當許許多多的人稱讚和仰慕中華文化的優秀和美妙時，我們作為中華兒女和龍的傳人，就不僅要用一種情懷去愛護我們的精神國土，而且要繼承和發展，並將其轉化成為我們的軟實力，使自己成為中華文化的楷模。如此，才能不負祖先的智慧，才能得到歷世檢驗過的文明的滋養，才能成為真正的中華兒女！

歷史上有很多滿懷正義感的人，他們用自己的生命護持著心中的正義，維護著世間的真理，他們是偉大精神的護法使者。每每想起他們的事蹟，我們心中都充滿敬意。我們能夠走到今天，而且能昌盛繁榮，當然是因為有一批護持真理的人，他們為了護持真理，犧牲了自己安逸的生活，他們的奉獻與犧牲精神感動了無數人。

當然，在不同的時期，總有一些人為了護持自己的那一點私利而玩盡心機，最終遺臭萬載。我們也經常遇到一些冥頑不化的人，他們護持著自己那並不是真理的觀點和偏見，讓自己深陷愚昧的泥淖。最終，他們不僅讓自己的生命停止了進化，他們的負能量還波及周圍很多人。你說說看，這樣的人最終會有什麼樣的命運呢？

每個人都在護持著一種力量，一個人正在護持什麼，就是他精神領域中最大的祕密。你心中正在守護著什麼樣的力量呢？你的命運又會因這種力量而走向何方？

第61講　智慧來源決定了人的命運

要改變命運，就必須擁有智慧。要擁有智慧，就必須擁有美德。人類的每一項美德，都具有美化和增益生命的功能。如果一個人感覺自己的生命還沒有那麼美，自己的生命智慧成長得還沒有那麼令自己滿意，那一定是在美德方面有所欠缺。

本講就來說說行善十大綱要中的第九個行善智慧「敬重尊長」。

【原文】

何謂敬重尊長？家之父兄，國之君長①，與凡年高、德高、位高、識高者，皆當加意奉事②。在家而奉侍父母，使深愛婉容③，柔聲下氣，習以成性，便是和氣格天④之本。出而事君，行一事，毋謂君不知而自恣也；刑一人，毋謂君不知而作威也。事君如天，古人格論，此等處最關陰德。試看忠孝之家，子孫未有不綿遠而昌盛者，切須慎之。

【注釋】

①君長：君王，長官。

②奉事：侍奉。

③婉容：態度柔和恭順。

④格天：感動天心。

【白話】

什麼叫作敬重尊長？家中的父親、兄長，國家的君王、官員，以及所有年紀大、品行好、職位高、見識廣的人，我們都應當用心地侍奉。在家侍奉父母，要深愛他們，態度要柔和恭順，把這樣的行為養成習慣，這便是和氣而感動天心的根本。出仕後侍奉君主，每做一件事情，不要以為君王不知道而驕橫放縱；每審訊一個犯人，不要以為君王不知道就作威作福。事君如事天，這是古人的至理名言，這種事情與陰德關係最大。試看忠孝之家，他們的子孫都綿延不絕、繁榮昌盛，所以，一定要小心謹慎。

說起感悟，恐怕就離不開對人性的認識。在這些年的修行生活當中，我曾經聽一些修行了幾十年的人談到了幾種人性的狀態。這幾種狀態既可能是某些人的一種現實狀態，也可能是在人性進化過程中的一個暫時的過渡狀態。

第一種是「動物級」狀態：沒開化的人，長著人樣，心中卻充滿獸性；表現出的是不懂人理，張嘴就胡說，說話就傷人，做事就害人。

第二種是「初始人」狀態：不太穩定，狀態時好時壞。狀態好的時候，懂人理，說人話，做人事；狀態不好的時候，就可能像發了瘋一樣。

第三種是「聰明人」狀態：處於這種狀態的人看起來聰明伶俐，但也是處處為自己算計。他們對你好時，一定是有求於你；親近你時，一定是你有利用的價值；尊敬你時，一定是覺得惹不起你；當你遇到困難時，他們一定會嘲諷你。當然，當一個人這樣做人做事時，其為人就會被別人看穿，自然也就算不上是聰明了。

第四種是「作死人」狀態：一說話就拉仇恨，一交友就變仇人，一自誇就被鄙視，自私累積罪愆，瘋狂糟蹋身體，犯渾喪失道德，錯誤的總是別人，正確的總是自己，空閒時總是無聊，墮落後卻沒羞恥。

第五種是「分裂人」狀態：當面客氣恭維，背後諷刺詆毀；公開宣導正義，私下自私齷齪；說話傲慢官腔，心中頑固自戀；總是自視清高，拒絕學習提升；說話頭頭是道，做事處處砸鍋。

第六種是「修行人」狀態：敬重尊長，愛護弱小，時刻小心心賊，有過當即就改，見賢躬身學習，遇難伸手幫人，扎實追求理想，自強自愛自律，猶如神明考試。

第七種是「得道人」狀態：他們平和而慈悲，質樸而真誠，通透而大度，低調但智慧，敬人如敬神，處處皆益人，得失皆隨意，順逆皆樂觀，無畏也無憂，無怨又無求，瀟灑自逍遙，似乎這個世界就是自家的後花園。古聖先賢、現實中的修行得道者，都是身在紅塵而又不染的超越者！

大部分人都習慣於在現實層面上思考問題，那我們就從現實層面上來說吧。

如果一個人缺乏智慧，他的人生就會陷入困頓的泥淖。現實中的人們都想擁有至高的智慧，一個人想要擁有智慧，不僅要善於學習和實踐，還要尊重自己民族的歷史，從自己民族的文明累積中繼承歷史經驗與教訓。如果一個人想增加自己的智慧，必不可少的一個路徑就是讀歷史。想想看，把幾千年歷史中無數精英的經驗教訓接入自己的生命意味著什麼？反之，若是一個人割斷了自己與幾千年文明的能量的關係，一切都要從頭開始，在人生百年的時間裡，還來得及嗎？難道要把所有的錯誤犯一遍才能得到智慧嗎？我們一定要尊重自己民族的歷史，尊重自己民族的文明，尊重自己民族歷史上的聖賢，因為這是一個人智慧的最重要來源。唯有具備智慧連續傳承和不斷疊加的文明模式，一個民族才能生生不息。當然，世界上各個民族都有自己的歷史和智慧，能夠讓自己的心智連結世界智慧的人，自然就有了國際的視野。關鍵的問題是：現在的你，建立這種途徑和網路了嗎？

可供我們學習和傳承之最近的歷史來自家中的長輩、求學中的師長、交往中的尊長、共事中有各種長處的同事。一個具備敬重尊長美德的人，自然就會從尊長那裡獲得很多鮮活的、現成的智慧。因此，百善孝為先、尊老愛幼、三人行必有我師焉等美德，都具備三項重要的人生功能：一是**降服自己的傲慢**，二是**獲得他人的經驗教訓**，三是**促進人間的和諧**。

毫無疑問，一個能夠承載大智慧的人必然是將個人與國家命運聯繫在一起的人。古人有忠君愛國的美德，當今的很多人卻只是愛自己，將忠君視為封建思想，但又渴望別人能夠忠誠於自己。很多做小團隊領導者的人，最苦惱的事恐怕就是大家不忠誠於團隊和領導者。忠誠不是失去自我，而是融入大局，是高尚的靈魂所孕育出的偉大品格，也是衡量一個人人格是否成熟的重要指標。

也許，很多忙碌的人時常處在迷惘和失魂落魄的狀態，就是一直在消耗自己的生命，就是一直把外在的名利當成自己的人生目標，而忘記了幫助自己的道德生命成長才是人生中的核心。

一個覺悟了的人，秉持的是敬人如敬神的高尚美德。當一個人孝敬父母、尊重長輩、珍惜朋友、忠誠於國家、善待每一個相遇的有緣人，他就有能力伸手去幫助別人。對別人真正的善，都是純出內心，自然而然做出來的。

第62講　愛惜物命來養心

接著來說說行善十大綱要中的第十個行善智慧「愛惜物命」。

【原文】

何謂愛惜物命？凡人之所以為人者，惟此惻隱①之心而已；求仁者求此，積德者積此。《周禮》：「孟春之月，犧牲②毋用牝。」孟子謂：「君子遠庖廚。」所以全吾惻隱之心也。故前輩有四不食之戒，謂聞殺不食③，見殺不食，自養者不食，專為我殺者不食。學者未能斷肉，且當從此戒之。漸漸增進，慈心愈長。不特殺生當戒，蠢動④含靈，皆為物命。求絲煮繭，鋤地殺蟲，念衣食之由來，皆殺彼以自活。故暴殄之孽，當與殺生等。至於手所誤傷，足所誤踐者，不知其幾，皆當委曲⑤防之。古詩云：「愛鼠常留飯，憐蛾不點燈。」何其仁也！

【注釋】

①惻隱：憐憫，同情。

②犧牲：做祭品用的牲畜。

③聞殺不食：聽見殺牲畜的聲音，就不吃牠的肉。

④蠢動：蠕動，騷動，這裡指小蟲子。

⑤委曲：小心謹慎，想方設法。

【白話】

什麼叫作愛惜物命？人之所以能稱為人，是因為有一顆惻隱之心，求仁的人求的就是這顆惻隱之心，積德的人積的也是這顆惻隱之心。《周禮》上說：「初春祭祀，不要用雌性的牲畜做祭品。」孟子說：「君子要遠離廚房。」這都是保全惻隱之心的方法。因此前輩有「四不食」的戒律：聽到宰殺聲音的不吃，看到宰殺場面的不吃，自養的動物不吃，專為自己宰殺的不吃。剛開始學習行善的人，如果不能做到完全不吃肉，也可以從這「四不食」做起，讓慈悲心漸漸增長。不僅要戒掉吃肉的習慣，就連小蟲子也是有靈性、有生命的。為了求取絲綢而煮蠶繭，為了種莊稼而殺死了土地裡的蟲子，想想我們衣食的由來，我們就是在殘殺別的生命來養活自己。所以任意糟蹋東西的罪孽，是與殺生吃肉等同的。至於手所誤傷、腳所誤踏而死去的生命，真不知道有多少，我們應當小心謹慎地加以避免。古詩裡說道：「愛鼠常留飯，憐蛾不點燈。」這是多麼有愛心哪！

孟子曰：「惻隱之心，人皆有之；羞惡之心，人皆有之；恭敬之心，人皆有之；是非之心，人皆有之。惻隱之心，仁也；羞惡之心，義也；恭敬之心，禮也；是非之心，智也。」

在「愛惜物命」這一主題中，了凡先生特別強調了儒家一直宣導的人類基本德性「四端」：惻隱之心、羞惡之心、恭敬之心、是非之心中的惻隱之心。

人類有個很久遠的共識：萬物有靈，人為萬靈之首。

很多人都看過野獸凶殘的一面，牠們面無表情地撕扯著、吞噬著獵物。人類早已走過了茹毛飲血的野蠻時代，學會了用火燒煮烹炸。現實中的人也不大可能都去過那種近乎出家人的生活，但古人所說的「四不食」似乎也可以作為借鑑。

這讓我想起了歷史上一個著名的典故，就是「孟母三遷」。孟子小時候居住的地方離墓地很近，孟子學了些祭拜和哭號之類的事。他的母親認為這個地方不適合孩子居住，就將家搬到集市旁。孟子又跟著商人學做買賣，觀察屠夫屠牛殺羊之類的事。他的母親認為這個地方也不適合孩子居住，又將家搬到學宮旁邊。孟子學會了在朝廷上鞠躬行禮及進退的禮節。他的母親認為這才是適合孩子居住的地方，於是就在這裡定居下來了。

也許，現代人不能像古代聖人教育我們的那樣去做，但也不能丟了對其他生命的惻隱之心，否則，我們的心可能就會變得越來越殘忍。保持住這一絲惻隱之心，也許能夠降低我們犯下嚴重罪惡的機率。

【原文】

善行無窮，不能殫①述。由此十事而推廣之，則萬德②可備矣。

【注釋】

①殫：完全。

②萬德：各式各樣的美德。

【白話】

善行的種類無窮無盡，不能全都論述出來。先做好這十類善事，再推廣開去，則各種美德就都具備了。

善待別人，就是善待自己。善待萬物，就是善待自己的靈魂。唯有善待自己和萬物者，才能真正改變自己的命運。

如果你經常放生，請你順便放過自己；如果你真懂放生，請你放過你身邊的人；如果你真想重生，請你放掉過去的怨恨；如果你能夠新生，請你不要再指責和傷害別人；如果你渴望長生，請你務必勇敢改過、篤定行善。一顆善心，能夠減少我們的罪惡；一顆善心，能夠開啟我們與這個世界的和諧新篇章。

第四篇：謙德之效

第63講　謙虛讓靈魂無限增高

北宋知名理學家張載有一句傳世的名言：「為天地立心，為生民立命，為往聖繼絕學，為萬世開太平。」哲學家馮友蘭先生稱其為「橫渠四句」，無數後世儒生以此作為一生的理想，在人生陷入困境的時候更是以此自勉。

說起來，人生陷入困境，其實就是一不小心開啟了小人模式：一是無視天地大道，隨心所欲，將任性、野性當成個性與自由，實際上是處於一種脫軌和失控的狀態；二是以自己的私利立命，把為了別人好當成手段，所以難以做到真心至誠，狀態也飄忽不定；三是以知識經驗觀世，沒有真心沉入聖賢智慧，沒有機緣領悟大道，看似精明實際上怎麼也算不過天；四是沉溺於個人的小圈子，沒有世界和歷史的時空觀，自我封閉，畫地為牢，在嚮往中糾結徘徊。

了凡先生透過自己的親身實踐，總結提煉出了改變人生命運的四部曲：第一，為天地立心，為生民立命，掌握內求的法門，從而回歸命運驅動的原點；第二，清理內心的雜念、邪念，隨時覺察，立刻改正，不累積小惡，從而日益清朗；第三，真心行善，掌握行善的智慧，則可形成自己的能量中心，普照所及；第四，做到前面所說的三個方面，則命運景象巨變，只是要小心此時依然有重蹈覆轍的危險，故須謙德守護。

現在，我們來學習《了凡四訓》的第四篇：謙德之效。

【原文】

《易》曰：「天道虧盈[1]而益謙[2]，地道變盈而流謙，鬼神害盈而福[3]謙，人道惡盈而好謙。」是故〈謙〉之一卦，六爻皆吉。《書》曰：「滿招損，謙受益。」予屢[4]同諸公應試，每見寒士將達，必有一段謙光[5]可掬。

【注釋】

①盈：盈滿，比喻驕傲、自滿。

②謙：謙虛。

③福：賜福。

④屢：多次。

⑤謙光：謙虛的美德。

【白話】

《周易》說：「天之道是讓驕傲自滿的虧損，讓謙虛的受益；地之道是減損驕傲自滿的，添補謙虛的；鬼神之道，是損害驕傲自滿的，而賜福給謙虛的；人之道，是憎惡驕傲自滿的，而喜愛謙虛的。」因此，「謙」這一卦，六個爻都是吉祥的。《尚書》也說：「驕傲自滿會招來虧損，謙虛謹慎會獲得好處。」我多次和許多人一起去赴考，每每看到將要考中而飛黃騰達的貧苦讀書人，他們一定都表現出了謙虛的美德。

從古至今，凡導致人生大虧損者，皆中了共同的魔咒：「傲」和「滿」。凡持續讓人生增益者，皆因有共同的美德：「謙」和「虛」。接著，了凡先生講了自己身邊因謙恭而獲福的幾個實例。

第一例

【原文】

辛未①計偕②，我嘉善同袍凡十人，惟丁敬宇賓，年最少，極其謙虛。予告費錦坡曰：「此兄今年必第。」費曰：「何以見之？」予曰：「惟謙受福。兄看十人中，有恂恂③款款④、不敢先人，如敬宇者乎？有恭敬順承、小心謙畏，如敬宇者乎？有受侮不答⑤、聞謗不辯，如敬宇者乎？人能如此，即天地鬼神，猶將佑之，豈有不發者？」及開榜，丁果中式。

【注釋】

①辛未：指一五七一年。

②計偕：指舉人進京參加會試考進士。

③恂恂：溫和恭謹的樣子。

④款款：誠懇的樣子。

⑤答：報復。

【白話】

辛未年，舉人們進京應試，我們嘉善縣去應考的同鄉總共有十人，丁敬宇最為年輕，而且非常謙虛。於是我對費錦坡說：「丁敬宇仁兄今年一定能考中。」費錦坡說：「你怎麼看出來的？」我回答道：「只有謙虛的人才能獲得福報。仁兄你看，這十人當中，有誰像他那樣溫和恭謹、忠誠懇切、不敢占人之先？有誰像他那樣恭敬順受、小心謙虛、滿懷敬畏之心？有誰像他那樣受到侮辱而不報復、聽到謗言而不分辯？人能做到這樣，就連天地鬼神也會保佑他，他豈有不發達的道理？」等到放榜，丁敬宇果然考中。

世上之人，誰不想求個好命運？明白之人，誰不懂得勤奮好學方能獲得機會？學富五車，關鍵還要看自己命中有沒有車可以承載。了凡先生實踐了命運之學，觀人相也可知命運。

看那受福之相的人，信實誠懇，不占人先，恭敬順受，小心謙畏，受侮不答，聞謗不辯。

第二例

【原文】

丁丑①在京，與馮開之同處，見其虛己②斂容③，大變其幼年之習。李霽岩直諒④益友，時面攻其非，但見其平懷順受，未嘗有一言相報。予告之曰：「福有福始，禍有禍先。此心果謙，天必相⑤之。兄今年決第矣。」已而果然。

【注釋】

①丁丑：指一五七七年。

②虛己：虛心。

③斂容：面容嚴肅、莊重。

④直諒：正直誠信。

⑤相（ㄒㄧㄤˋ／xiàng）：幫助，保佑。

【白話】

丁丑年，我在京城，與馮開之同住一處，看見他虛心自謙，面容嚴肅、莊重，完全改變了他年少時的陋習。李霽岩正直誠信，常常當面指責他的過失，他都心平氣和地接受，從來不為自己辯解。我告訴他說：「福有福的苗頭，禍有禍的徵兆。一個人內心如果真的如此恭敬，上天必定會保佑他、幫助他。仁兄你今年一定能中進士。」後來他果然考中了。

觀人相貌，知人禍福。凡有福者，皆有福苗。將遭禍者，必顯禍兆。虛懷若谷，大福之器。容貌端莊，天人之相。安然順受，眾福入命。逞口舌能，必敗福緣。驕傲輕浮，自招禍端。

第三例

【原文】

趙裕峰光遠，山東冠縣人，童年舉於鄉，久不第。其父為嘉善三尹①，隨之任。慕錢明吾，而執文②見之。明吾悉抹其文，趙不惟不怒，且心服而速改焉。明年，遂登第。

【注釋】

①三尹：官名，即主簿。

②執文：帶著自己寫的文章。

【白話】

趙裕峰，名光遠，山東冠縣人，年紀很小時參加鄉試，就考上了舉人，但是從那以後卻很長時間考不上進士。他的父親到嘉善縣做主簿，他就跟著父親來到嘉善縣。他很仰慕錢明吾先生的學問，就帶著自己寫的文章去拜訪錢先生。錢先生把他的文章全都塗改掉了，他不但不生氣，而且打心眼裡佩服錢先生才思敏捷，很快把自己的文章修改了。第二年，他就考中了進士。

謙卑納福者，處處親近德才高人。傲慢招禍者，處處沾染庸俗之輩。善接教化者，沒有屈辱只有受益。命薄福淺者，逢人逞能遇挫瘋狂。

第四例

【原文】

壬辰歲①，予入覲②，晤③夏建所，見其人氣虛意下，謙光逼人④。歸而告友人曰：「凡天將發斯人也，未發其福，先發其慧。此慧一發，則浮者自實，肆者自斂。建所溫良若此，天啟之矣。」及開榜，果中式。

【注釋】

①壬辰歲：指一五九二年。

②入覲：覲見皇帝。

③晤：遇見。

④謙光逼人：謙虛之神采照人。

【白話】

壬辰年，我入朝覲見皇帝時，見到了夏建所，我看到他謙虛的神采極盛。回去後，我就對朋友說：「上天想讓一個人發達的時候，在賜予他福報之前，會先開發他的智慧。智慧一旦開發出來，會使輕浮的人變得踏實，使放縱的人變得自律。夏建所這麼溫和善良，一定是上天在開啟他的智慧。」等到放榜，他果然中了進士。

受福者，必虛心恭謹，謙虛光彩極盛成光。受福者，必先開其智，浮滑轉成穩重誠實。受福者，必降服傲心，端莊謙恭溫和善良。

第64講　怎樣才能守住改好的命運？

如果一個人能夠自己主宰命運，必是能夠改過、行善之人。如果一個人透過改過行善改變了命運，那能否守得住自己改好的命運，就要看他是否具有謙德這一法寶了。

【原文】

江陰張畏岩，積學①工文②，有聲藝林③。甲午④，南京鄉試，寓一寺中，揭曉無名，大罵試官，以為瞇目。時有一道者，在傍微笑，張遽⑤移怒道者。道者曰：「相公⑥文必不佳。」張益怒曰：「汝不見我文，烏知不佳？」道者曰：「聞作文，貴心氣和平，今聽公罵詈，不平甚矣，文安得工？」

張不覺屈服，因就而請教焉。道者曰：「中全要命，命不該中，文雖工，無益也。須自己做個轉變。」張曰：「既是命，如何轉變？」道者曰：「造命者天，立命者我。力行善事，廣積陰德，何福不可求哉？」張曰：「我貧士，何能為？」道者曰：「善事陰功，皆由心造。常存此心，功德無量。且如謙虛一節，並不費錢，你如何不自反而罵試官乎？」張由此折節⑦自持，善日加修，德日加厚。

丁酉⑧，夢至一高房，得試錄⑨一冊，中多缺行。問旁人，曰：「此今科試錄。」問：「何多缺名？」曰：「科第陰間三年一考較，須積德無咎者，方有名。如前所缺，皆系舊該中式，因新有薄行⑩而去之者也。」後指一行云：「汝三年來，持身頗慎，或當補此，幸自愛。」是科果中一百五名。

【注釋】

①積學：學識淵博。

②工文：善於寫文章。

③藝林：指學界，文人聚集之地。

④甲午：指一五九四年。

⑤遽：立即。

⑥相公：古時候對上層社會年輕人的敬稱。

⑦折節：改變之前的品德、言行。

⑧丁酉：指一五九七年。

⑨試錄：考試的錄取名冊。

⑩薄行：不忠厚的行為、過失。

【白話】

江陰人張畏岩學識淵博，很善於寫文章，在學界名氣很大。甲午年南京鄉試，他借住在一座寺廟中。考試結果揭曉後，他榜上無名，大罵考官有眼無珠，分辨不出文章的好壞。當時旁邊剛好有一個道人，對此微微一笑，張畏岩就遷怒於道人。道人說：「你的文章肯定寫得不怎麼樣。」張畏岩更加生氣了，說：「你又沒看我的文章，怎麼知道我寫得不好？」道人說：「我聽說寫文章最重要的是心平氣和，現在聽到你罵人，就知道你的心氣非常不平和，文章怎麼可能寫得好呢？」

張畏岩聽後心裡服氣了，於是走到道人身邊，向他請教。道人說：「能不能考中全看命，若是命中注定考不上，文章寫得再好，也是沒用的。你一定要自己做出改變。」張畏岩說：「既然是命中注定，又怎麼改變呢？」道人說：「安排命運的是上天，改變命運則靠我們自己。努力做善事，廣泛地累積陰德，什麼樣的福祉我們追求不到呢？」張畏岩說：「可是我只是個貧窮書生，能做什麼善事呢？」道人說：「善事與陰德，都是由內心產生的，只要常存做善事、修陰德的心，就能獲得功德了。況且，謙虛並不用花錢去買，你為什麼不反躬自省，而是辱罵考官呢？」張畏岩從此痛改前非，嚴格約束自己的行為，善行一天天增加，功德也一天天加厚。

丁酉年，張畏岩夢見自己到了一座高大的房子裡，看見一本名冊，其中有許多空行。他問旁邊的人這是什麼名冊，旁邊的人回答說：「這是今年科舉考試的錄取名冊。」張畏岩問：「為什麼有這麼多空行？」那人回答說：「陰間每三年核查一次，只有累積功德且無惡行的人才會被錄取。這本冊子中的空行，都是原本該錄取卻因為最近犯有過失而被劃掉的人名。」那人又指著其中的一行說：「你這三年來嚴格要求自己，也許能補這一個空缺，希望你自愛。」這次鄉試，張畏岩果然中了第一百零五名。

天道是根據福善禍惡的原則，按照個人的善德惡行，對他的命運加以安排，至於或行善或作惡，卻是取決於個人，即如前面雲谷禪師所說：「天不過因材而篤，幾曾加纖毫意思？」所以「造命者天，立命者我」，即是在告訴我們：**描繪命運藍圖的是我們自己，上天不過是按圖施工而已。**

「善事陰功，皆由心造。常存此心，功德無量。」這十六個字，實在是我輩的心經，要常念常行，此乃立命、修行的入手功夫。又，此十六字與「積善之方」一章中的「陰陽」之說和「半滿」之說一起研讀，體會更深。

了凡先生所提到的張姓才子，才不過三斗，竟然張狂可以指天。看不清自己的才能如何，卻責難別人，豈不是獸性發作？幸得道人指點，啟動「謙虛聖門」，方有了接志納福之心量，才從那種張狂和責難的「拉仇恨」和「鑄賤命」的泥淖中走了出來。

人生就是從不完美走向完美的歷程。人生在世，本質在於找到短處並及時補足。若是在不完美中自戀，必將讓人生淪陷。若你有才，重在自知淺陋而未及巔峰。若你有才，重在補足「德腿」的欠缺，莫再單腿蹦跳。

第65講　心想事成背後暗藏的祕密

了凡先生用他自己的人生經歷，親證了中華文化中「命運學」的真理，為我們留下了一個巨大的人生寶藏。

心善行正，虛心謙卑，這是受福的基礎，也是能讓福運長遠的根本原因。

【原文】

由此觀之，舉頭三尺，決有神明[1]；趨吉避凶，斷然[2]由我。須使我存心制行[3]，毫不得罪於天地鬼神，而虛心屈己[4]，使天地鬼神時時憐我，方有受福之基。彼氣盈[5]者，必非遠器，縱發亦無受用。稍有識見之士，必不忍自狹其量，而自拒其福也。況謙則受教有地，而取善無窮，尤修業者所必不可少者也。

【注釋】

①神明：神靈，神仙。

②斷然：一定，肯定。

③存心制行：存善心，約束自己的行為。

④屈己：謙卑。

⑤氣盈：盛氣凌人。

【白話】

由此可以看出，舉頭三尺，就一定有神靈在監視著我們；而趨吉避凶，則一定要依靠我們自己。我們一定要存善心，約束自己的行為，絲毫不能觸怒天地鬼神，而且要虛心謙卑，使天地鬼神時時憐惜我們，這樣才有接納福氣的基礎。那些盛氣凌人的人，一定沒有遠大的志向，即使偶然發達，也無法一直享受這種上天的護佑。稍微有見識的人，一定不願意讓自己氣量狹小，而拒絕上天的福佑。況且，謙恭的人才會有受教於他人的餘地，無窮盡地吸取別人的長處，這是修習學業的人所必不可缺少的。

讀了了凡先生這段話，我們要時刻記住以下六句話：

人要有敬畏心，如此才能避免輕狂和獸性發作；

人要有主命心，只要立天命就能自己主宰命運；

人要常存善心，因為這是打開命運之門的鑰匙；

人要虛心謙卑，因為這是盛裝自己福氣的容器；

人要戒絕自滿，否則縱然能夠發達也無福享受；

人要謙恭受教，吸收別人的長處才能壯大自己。

【原文】

古語云：「有志[①]於功名者，必得功名；有志於富貴者，必得富貴。」人之有志，如樹之有根。立定此志，須念念謙虛，塵塵[②]方便，自然感動天地，而造福由我。今之求登科第者，初未嘗有真志，不過一時意興耳。興到則求，興闌③則止。

孟子曰：「王④之好樂甚⑤，齊⑥其庶幾乎！」予於科名亦然。

【注釋】

①志：要有所作為的決心。

②塵塵：極小的事情。

③闌：衰退，盡。

④王：齊宣王。

⑤好樂甚：特別喜歡音樂。

⑥齊：齊國。

【白話】

古人說：「有志於求取功名的人，一定得功名；有志於獲得富貴的人，一定得富貴。」人有了志向就像樹有了根。立了志，就要謙虛謹慎，不管大事小事都給人方便，這樣自會感動天地，所以求取福祉全在自己。如今一些求取功名的人，一開始在這方面並沒有真正的志向，不過是一時興起罷了。興致來了就追求，興致消退了就停止。孟子對齊宣王說：「大王您如果特別喜歡音樂，您就會與民同樂，齊國很快就會治理好了！」我看科第功名也是這樣。

「王之好樂甚，齊其庶幾乎！」是《孟子．梁惠王下》中的一句話。齊宣王說他喜好音樂，孟子就論證說：國王只有與民同樂，自己才能獲得真正的快樂；如果齊王能夠與民同樂，全國上下一心，那麼齊國很快就會民富國強，稱王於天下。了凡先生借孟子與齊宣王的故事說明了一個道理：一個人如果想要改變自己的命運，就要有廣闊的胸懷，改變命運的出發點不應該是獲得個人的榮華富貴，而應該是國家富強、人民安樂，這樣立下大志，鍥而不捨，才能夠成功。

改變命運是人生最壯麗的事業，我們一定要全力以赴，百折不撓，貫徹始終。所謂誠則靈，專則精，鍥而不捨，金石為開，人哪，當自助！

了凡先生的一部《了凡四訓》留給了後人巨大的財富：

有志者事竟成，無志者瞎忙乎；
有志者立長志，無志者常立志；
有志者利國民，無志者利自己；
有志者改命運，無志者死宿命。

人們總是希望能夠「心想事成」，也常用這個詞做祝福語。但是，怎樣才能「心想事成」呢？

先說「心想」。心是人生的驅動力，因此，心裡想什麼自然是很重要的。很多人會說：「當然在想自己的好事了。」那麼，我們的好事是由什麼決定的呢？是由我們對別人的好、對別人的善來決定的，這是第一個關鍵點。第二個關鍵點是我們不能帶著自己的功利心去對別人好、對別人善，也就是心要純正。

再說「事成」。如果我們用純正的心對別人好，能不能馬上實現自己的目標呢？一般而言，小一點的目標實現得就快一些，而大一點的目標就需要比較長的時間。在這段比較長的時間中，我們面臨著考驗：能否始終如一地對別人好，而不會產生功利心？很多人因為心思不純正，所以經受不住這種考驗。若是通過了考驗，「事成」了，你會怎麼做呢？有的人一旦事成了，就不再對別人好，甚至表現出得意和傲慢的狀態。

想要心想事成，關鍵有兩點：一是真心對別人好，而不是與別人做交易，透過對別人好來讓自己獲利；二是要做到始終如一，不論事成與否，都不中斷對別人的好，保持真誠與謙卑。說得再簡單一點，就是把持續對別人好當成自己的信仰，僅此一念，始終如一。

後記

我學習與實踐《了凡四訓》的歷程

近二十年來，我自己走的也是改命、造命的人生歷程。我讀了無數遍《了凡四訓》，每一次讀，領悟都會有所加深，也吸收到了越來越多的能量。學習是為了實踐，實踐是為了驗證和提升。學習《了凡四訓》，就要實踐其告訴我們的智慧和美德。下面是我學習聖賢智慧、改變自己命運的一些經歷與感受，與各位朋友分享。

降生

母親生我時，已是高齡產婦。奶奶盼孫子望眼欲穿，我的到來為奶奶和父母帶來了巨大的驚喜。於是，奶奶給我取了個小名，叫「可心」。從此，我就成了「嬌子」，在母親和奶奶雙重的溫情嬌慣下長大。因為被嬌慣，我年幼時身體羸弱，好在有父親的嚴厲監督，學習還能讓家人放心。

門聯

我開始學習識字時，家裡翻蓋門樓，兩邊留下用水泥抹平的空間，父親找人在兩邊分別刻下四個字：胸懷祖國，放眼世界。這就是我最早學習的八個字。當時我沒想到，這八個字，竟然成了我一生的根基與方向。

薰染

像奶奶與母親一樣，善良成了我做人的底色。我小的時候，大家的日子都不好過，遇到災荒就會有人出門乞討。有人上門乞討時，奶奶總是說：「別給人家吃剩下的。」後來我長大了一些，就問奶奶為何那麼說，奶奶說：「要飯的都是菩薩。」我不解：「他們穿得破破爛爛，還是菩薩？」奶奶說：「他們都是打扮過的，是來看看我們對菩薩是否真心。」母親幫人做衣服貼補家用，經常有窮困的人拿塊布料來，但是捨不得付錢，就拿些吃用的東西當作工錢，母親也從來不計較。尤其是過年前的那段時間，一些孤寡也想讓衣服見見新，但又沒錢買新的，於是軟磨硬泡，讓母親幫他們把舊衣服翻新，母親也都會幫忙。在我的記憶中，母親從來沒跟人吵過架，從不說別人的壞話，只給予幫助。我的父親可謂是個多面手，不管做什麼工作，都能做到最好。他會做衣服，會做農活，也是當地鑄造工廠受人尊敬的師傅；他還會為人看病，用祖傳的「鬼門十三針」和一些藥方治好了許多人的病。我聽父親說過，他十幾歲時就在天津的三條石當學徒，在革命思想影響下，一直在為工人的利益而與資本家打交道和做鬥爭，再後來父親到濰坊工作，還做了工會主席。我小的時候曾經受到其他孩子的歧視，父親對我說：「身正不怕影子斜，難道還不相信自己？」

大學

一九七八年，我考上了哈爾濱醫科大學。我第一次一個人出遠門，再沒有人嬌慣我了，我在無助中掙扎了一年多，然後就開始野蠻生長，我學會了打架，感受到了生命外放的一種狀態。當然，我也知道打架是不好的，所以後來就把那種張力轉移到學習和參加班級活動上了。上大學期間，我是班上年紀最小的幾個學生之一，得到了同學不少的照顧，老師們無條件地、不遺餘力地輔導我，讓我知道了人生的一些深奧的道理，以至於若干年後，我成了老師們最自豪的「作品」。

探命

那時，考上大學是一件很不容易的事，考上大學的人會被視作天之驕子。令我沒想到的是，我考上了大學，在大學期間學習了很多專業知識，心理卻出了嚴重的問題。現在想來，應該就是患了憂鬱症。後來，基礎醫學部主任徐維廉教授從北京請來兩位心理學教授——王孝道教授和劉成傑教授，二位先生為我們做了一週的心理學講座，每天晚飯後，六百個座位的階梯教室座無虛席，我占不到座位，只能自己拿著坐墊坐在講臺旁邊，如飢似渴地吸收老師傳授的智慧。聽完兩位教授的講座，我的心理問題得到了很大的緩解。後來，我又得到了很多老師的幫助，抓住了一個個機會，取得了很多成績與進步，於是開始得意，漸漸地就把持不住自己了。於是，在一九八七年至一九八八年間，我陷入了痛苦的煎熬之中。我受人指點，開始學習國學，從此開啟了我與祖宗和聖賢智慧結緣的新人生。

蛻變

在只有知識、只知奮鬥卻不知如何做人的那段時間，我感覺自己平時的表現還比較正常，可一旦遇到特殊情況，自己的一切都彷彿被生命中一種野性的力量控制了。隨著學習的深入與功力的增加，聖賢的智慧幫助我逐漸戰勝了獸性的力量，我發現自己產生了很大的變化：不再放縱自己，而是能夠控制自己的欲望；不再以自我為中心，而是能夠時時替別人著想；不再不加節制地發脾氣，而是遇事時能夠讓自己保持冷靜；不再驕傲自滿，而是能夠不斷地實現自我突破；不再遇事總是指責別人，而是學會自我反省；不再過於看重名利，而是專心於使命、責任；不再怨恨別人的責難與坑害，而是感激那些特殊的歷練與教化；不再用「點式思維」思考問題，而是一點點進步到線性、非線性、局面、時空的思維；不再誇誇其談，而是表達嚴謹、自如、嚴肅而幽默……我體會到了「上善若水」、「反者道之動」、「玄之又玄」的老子智慧的美妙，「質勝文則野，文勝質則史。文質彬彬，然後君子」的君子性格，「無善無惡心之體」的玄妙……我一次次在聖賢偉人的生命實踐中感悟波瀾壯闊的人生畫卷，在謙卑學習中感受自己的突破，在自我奉獻的使命感與責任感中感受心靈的寧靜與激情的燃燒。

一個甲子的人生，好像剛剛活完自己的前世，剛剛將生命的程式安裝完成，還在不斷升級、更新，基本人生的程式剛剛能夠運轉自如。

使命

使命使命，人應如何使用自己的生命呢？

一心為自己，處處算計別人的人，此生一定是孤苦的命。因為所有的自私和心計，都終會被別人看穿。

若是缺乏自省精神，總覺得是別人錯了而不是自己錯了，就開啟不了改過的進程，也不會心甘情願地對別人好。這樣的人，就是拿著自己的命跟所有的人和事過不去。不跟自己較勁，總跟別人對抗，這樣使用自己生命的人，最終會是什麼命呢？正如百姓們常說的：「人沒有累死的，只有氣死的。」

我的生命一直指向一個偉大而神聖的方向，那就是為了國家和人民而奮鬥。我真切地感受到了自己的生命重新定位後帶給自己的喜悅。也許，一個平凡的人只有將自己的生命與一個偉大的理想連結在一起時，才能真正地超越平庸和痛苦。這樣的感受，如人飲水，冷暖自知。

使命使命，百年人生中如何使用自己的生命，這對於每個人來說都是一個極其重要的課題。若是選對了，就會讓自己更加強大和快樂；若是選錯了，就會讓自己陷入痛苦的深淵。

感恩

這些年，我學習了近十個學科的專業知識，又用了至今一半的生命遊歷在中華文化智慧的汪洋大海之中。我深切地感受到「科學＋國學」、「學習＋實踐」、「清空＋遨遊」、「自勝、不爭、無為」的美妙。

感恩聖賢祖宗、偉人領袖、英雄豪傑帶我進入了巨大的生命空間，讓我可以沒有時間感地去領悟高妙的智慧之光。

感恩一眾陪伴者、陪練者的付出，是你們一次次幫我打開我並不知曉的人生之竅，一次次感受光芒照進心田的溫暖。

立命、改過、積善、謙德，從白紙一張到野性獸性，再到時而小人又時而君子，最終直奔聖賢，這樣一個命運的邏輯讓我受益，讓我重生。

感謝了凡先生的智慧指引。我傾盡全力接過聖賢的智慧之棒，拯救自己、造福他人，讓中華文化的文明之光照耀世界。

祝福所有有緣的朋友們，讓我們從《了凡四訓》這部中華文化的「命運學」中領悟人生命運的規律，掌握人生命運的智慧，在百年的人生中，主宰自己的命運，創造越來越美好的人生！

高寶書版集團
gobooks.com.tw

BK 085
命運不會虧待選擇變好的人：
《了凡四訓》流行四百年的改命心法，走出框架，改寫人生劇本

作　　者　齊善鴻
編　　輯　林子鈺
封面設計　鄭佳容
內頁排版　賴姵均
企　　劃　陳玟璇
版　　權　張莎凌

發 行 人　朱凱蕾
出　　版　英屬維京群島商高寶國際有限公司台灣分公司
　　　　　Global Group Holdings, Ltd.
地　　址　台北市內湖區洲子街88號3樓
網　　址　gobooks.com.tw
電　　話　(02) 27992788
電　　郵　readers@gobooks.com.tw（讀者服務部）
傳　　真　出版部(02) 27990909　行銷部 (02) 27993088
郵政劃撥　19394552
戶　　名　英屬維京群島商高寶國際有限公司台灣分公司
發　　行　英屬維京群島商高寶國際有限公司台灣分公司
法律顧問　永然聯合法律事務所
初版日期　2025年06月

國家圖書館出版品預行編目(CIP)資料

命運不會虧待選擇變好的人：《了凡四訓》流行四百年的改命心法,走出框架,改寫人生劇本 / 齊善鴻著. -- 初版. -- 臺北市：英屬維京群島商高寶國際有限公司臺灣分公司, 2025.06
　冊；　公分. --

原簡體版題名：人生的跃迁：《了凡四训》精讲

ISBN 978-626-402-272-9 (平裝)

1.CST: 格言

192.8　　114006932